Stumme
Zeugen

Robert Bouchal
Marcello La Speranza

Stumme Zeugen

Auf den Spuren des Krieges
in Wien und Umgebung

pichler verlag

INHALT

VORWORT

Wir durchsuchen Kellerabteile nach Hinweisen aus dem Zweiten Weltkrieg. Im Keller eines Hauses am Kriemhildplatz werden wir fündig.

Ein verloren gegangenes Portemonnaie samt Inhalt, aufgefunden in einem Luftschutz-Deckungsgraben; zersprengte Steuerungsteile von US-Fliegerbomben, aufgelesen auf den Feldern rund um Moosbierbaum; ein vergilbtes Verdunkelungsrollo, hängen geblieben in einem alten Fabrikgebäude: All das sind nur einige Funde, welche in diesem informativen Konvolut der „neuzeitlichen Archäologie" vorgestellt werden.
Wie in „Band 1" mit dem Titel *Wien – Die letzten Spuren des Krieges* führt auch diese Spurensuche, nun erweitert um die Umgebung von Wien, zu Plätzen, an denen Relikte des Zweiten Weltkrieges unvermutet auftauchten. Der Leser steigt in den für die Öffentlichkeit nicht zugänglichen Stollen des Zementwerkes in Kaltenleutgeben ein und erfährt, welche Dinge hier noch immer verblieben sind. Durch einen Zufall entdecken die beiden Forscher in einem neuadaptierten Serverraum eines Institutsgebäudes eine große „Luftlagekarte". Abstiege in vergessene, verborgene und verschlossene Bunker und Luftschutzkeller sind „Inhalt" dieses Buches. Die Mauerreste von ehemaligen Baracken von Sublagern des KZ Mauthausen, wie in Guntramsdorf, werden unter die Lupe genommen. In den riesigen Kellern der nun abgerissenen ehemaligen Schwechater Bierbrauerei finden sich im Schutt zahlreiche verrostete Objekte des seinerzeit in die Rüstungsproduktion eingebundenen Betriebes und erstmals hier veröffentlichte Dokumente, die in einem Haus in einem Mödlinger Unternehmen abgelegt waren, belegen die ausufernde Bürokratie des „Dritten Reichs". Ein außergewöhnlicher, grausiger Fund ist der mumifizierte Leichnam eines – offensichtlich im Bombenkrieg – verschütteten Menschen; verwahrt in einer Holzkiste in einer Sammlung.
Die beiden Unterweltexperten, der Höhlenforscher und Fotograf Robert Bouchal und der Historiker und Archäologe Marcello La Speranza, dringen in Räume und zu Plätzen vor, die zum Teil noch nie untersucht wurden. Sie durchforsten Archive, in denen das Grauen der NS-Epoche für die Nachwelt dokumentiert wird. So finden sich in den Akten aus dem Dokumentationsarchiv des österreichischen Widerstandes *(DÖW)* die barbarischen Taten eines KZ-Kommandanten.
Die aufgefundenen „Spuren" zeigen die Bestialität und Brutalität des Krieges und vermitteln nicht zuletzt ein eindringliches Bild von der Perfidie, mit der das NS-Regime seine Terror-Herrschaft inszenierte.
Alle aufgelisteten Relikte, Orte und Dokumente werden in einem historischen Kontext präsentiert. Begleiten Sie unsere Forschungsarbeiten und Grabungen anhand spannender Texte und packender Fotos und sehen Sie sensationelle Filmsequenzen, die per QR-Codes auf Ihrem Bildschirm erscheinen. Noch mehr Filme zu diesem spannenden Buch finden Sie auf *www.bouchal.com.*

I. Kapitel

Begegnungen

Boten aus der Vergangenheit

Kriegsrelikte tauchen grundsätzlich nach nicht berechenbaren Mustern auf. Während unserer Spurensuche erlebten wir Unvorhergesehenes und Überraschendes – Augenblicke, die uns zeigten, wie nahe uns eigentlich die Vergangenheit sein kann.

So schreckte die Nachricht von der Explosion einer Bombe in der Donau, stromaufwärts zwischen Winterhafen und Prater, am 25. August 2012 ganz Wien auf. Die Detonation soll weithin hörbar und die Wasserfontäne gewaltig gewesen sein. Es war nicht das erste Mal, dass ein sogenannter „Blindgänger“ lange nach dem Abwurf doch noch detonierte. Als es zu dieser Explosion kam, befand sich glücklicherweise kein Wasserfahrzeug in der Fahrrinne der Donau.

Spezialisten der herbeigerufenen Einsatzkräfte meinten, dass möglicherweise der ständig in Bewegung befindliche Schotter am Grund der Donau den Bombenzünder aktiviert hätte. Über die wirkliche Ursache der Explosion können nur Vermutungen angestellt werden. Möglicherweise hat hier jemand auch einen „lästig“ gewordenen Sprengstoff zu entsorgen versucht? Genau werden wir es nie erfahren. Tauchgänge, die angeordnet wurden, um im trüben Wasser mit wenig Sicht und starker Strömung nach weiteren Blindgängern zu suchen, wurden schließ-

Brisante Relikte könnten ans Tageslicht kommen: Aushubarbeiten am verschlammten Schlossteich in Pottendorf.

Eine vermeintliche Bombe erweist sich als harmlose Gasflasche.

lich wieder abgesagt. Wie uns vom Entminungsdienst versichert wurde, ist damit zu rechnen, dass auch zukünftig Blindgänger aus dem letzten Krieg zu Tage treten und für Aufsehen sorgen werden.
Während unserer Recherchen kamen wir an Orte, die uns in weiterer Folge über einen längeren Zeitraum beschäftigten. Im Bezirk Baden im östlichen Niederösterreich liegt die Marktgemeinde Pottendorf. Eine der Sehenswürdigkeiten des Orts ist die Ruine von Schloss Pottendorf, die von einem verträumten Schlosspark umsäumt wird. In diesem Park befindet sich auch ein künstlich angelegter Schlossteich, der im Sommer 2012 aufgrund seiner enormen Schlammansammlungen nach etlichen Jahren wieder einmal ausgebaggert werden musste. Da sich im Schloss einst ein russisches Feldlazarett befunden haben soll, weckte dies in uns die Hoffnung, dass hier in diesem Gewässer noch Kriegsrelikte auftauchen könnten. Tausende Kubikmeter schwarzen Schlicks wurden ausgebaggert und auf der Schlosswiese als Dünger verstreut. Ein russischer Stahlhelm, den die Baggerarbeiter an die Oberfläche und in weiterer Folge in unsere Hände beförderten, blieb allerdings der einzige Fund. Der Helm war im Lauf der Jahrzehnte langsam von Schlammschichten überlagert worden und so unversehrt geblieben. Erst die Baggerschaufeln brachten ihn wieder ans Tageslicht.
Eines Tages wurde bei den Ausbaggerungsarbeiten Alarm gegeben. Ein nicht genau definierbarer zylindrischer Gegenstand ragte plötzlich aus dem Schlamm. Wir fuhren zum Schlossteich, um bei der Untersuchung des Fundgegenstands anwesend zu sein. Es stellte sich zum Glück heraus, dass dieser bedrohlich wirkende Metallzylinder nur eine simple Gasflasche war.

Hier noch weitere Beispiele für unsere Spurensuche:

Viele Menschen sind oft daran vorbeigegangen und haben sie nicht bemerkt: die Einschusslöcher in der Eisenbahnbrücke Kliebergasse/ Landgutgasse in Wien-Favoriten. Uns waren diese Durchschüsse im Stahl der grün lackierten Brückenträger noch nicht bekannt. Erst der Hinweis eines aufmerksamen Beobachters hat uns zu diesen noch heute sichtbaren Spuren des Kampfgeschehens im April 1945 geführt.
An den Pfeilern der Augartenbrücke sind auf den beiden Namensplatten Beschädigungen zu entdecken, die ebenfalls aus der Kriegszeit stammen. Auf den Platten sind deutliche Kerben zu erkennen, verursacht wohl durch MG-Beschuss oder Splittertreffer.
Ein Haus in Hietzing mit malerischem Hinterhof. Im Stiegenhaus des alten Gebäudes entdecken wir den Abgang zum Keller. Kaum sind wir die ersten Stufen hinuntergestiegen, bemerken wir an der Wand der Kellertreppe eine alte „Luftschutz-Hausapotheke". Völlig vergessen, hat sie hier die letzten 70 Jahre unversehrt überstanden. Im Inneren des angerosteten Blechkastens sind noch fein säuberlich die Verbandspäckchen vorhanden. Auf den Etiketten der Mullbinden sind noch die Angaben *„24 fadig, 4m lang; 10 cm breit"* und der Vermerk „1940" zu lesen. Weiters finden wir eine Glasflasche mit weißem Pulver und schwarzem Drehverschluss mit dem Aufkleber *„Chloraminpuder"*. Gleich daneben steht ein Päckchen „Soda" – Utensilien, an denen teilweise noch der typische Krankenhausgeruch haftet. Auf der Innenseite des Deckels klebt noch die originale Inhaltsliste. Da nicht mehr alle Objekte vorhanden waren, ist anzunehmen, dass dieser Rettungskasten während des Krieges benutzt worden ist.

Vergessen in einem nicht mehr genutzten Hietzinger Keller. Während des Bombenkrieges waren die Erste-Hilfe-Einrichtungen lebensnotwendig.

Seite 13: Die Haltbarkeitsfrist der 1940 bestückten LS-Hausapotheke ist schon lange abgelaufen.

Verbandpäckchen
keimfrei.
Gebrauchsanweisung:
Gelben Verbandstoff und Wunde nie mit
Fingern berühren.
Mullbinde
24 fädig
4 m lang
10 cm breit
1940
100%
Mullbinde
24 fädig
4 m lang
10 cm breit
1940
Soda
Chloraminpuder

Luftschutz-Apotheken gehörten selbstverständlich in jeden Luftschutzraum. Die „Hausgemeinschaft" sollte stets darauf achten, dass die notwendigen medizinischen Utensilien nicht fehlten. In tausenden (im Umlauf befindlichen) Rettungsbroschüren wurde darauf hingewiesen, was an Chemikalien bereit stehen sollte: Alkalische Augensalbe, Brand-Gelee, Chlorkalk, Desinfektionsmittel, Jodtinkturen, diverse Riechampullen, Soda usw. „Selbstschutz" war ein Gebot der Stunde und es war auch vorgesehen, dass zumindest ausgebildete „Laienhelferinnen" aus der Hausgemeinschaft in jedem Schutzkeller anwesend sein

Am Pfeiler der Eisenbahnbrücke Kliebergasse/Landgutgasse: Durchschüsse im Stahl zeugen von heftigen Kampfhandlungen.

Kampfspuren an der Augartenbrücke.

sollten. Baldriantropfen, Kamillentee und die den Kreislauf stimulierenden „Cardiazol"-Tabletten durften nicht fehlen; verschiedene Sorten von Mullbinden, steril abgepackt, lagerten in den Rettungskästen. Chirurgisches Besteck wie Skalpelle, Greifzangen, Sägeblätter etc. waren vornehmlich in öffentlichen Luftschutzbunkern eingelagert. Zum Inventar des „Deutschen Roten Kreuzes" zählten auch die Produkte des Pharma-Unternehmens „Bayer".
Damit sich keine schweren Infektionskrankheiten wie Diphtherie, Keuchhusten oder Masern verbreiten konnten, wurden in den öffentlichen Schutzräumen strenge Hygienekontrollen vorgenommen, für die gesonderte Räume eingerichtet wurden. Da die öffentlichen Schutzräume oft hoffnungslos überfüllt waren, war das Erste-Hilfe-Personal meist überfordert. Impfstoffe gegen Wundstarrkrampf (Tetanus) wurden in Ampullen gelagert. Eingelieferte Verletzte und Verwundete waren ebenso zu versorgen wie hochschwangere Frauen. Nicht selten erblickten während der Bombenangriffe Kinder das Licht der Welt. Als Geburtsort wurde in diesem Fall die Adresse des Luftschutzkellers oder -bunkers beglaubigt.

In den Katakomben des I. Chemischen Institutes in der Währinger Straße

Das stattliche Gebäude in der Währinger Straße 40–42, ehemals Sitz des „I. Chemischen Institutes" der Universität Wien, hat eine bewegte Geschichte. Seit der Gründung des Hauses wurde in seinen Labors und Lehrsälen wesentliche Grundlagenforschung in Chemie und Physik

Schnell kann man sich verlaufen: in den Kellern des ehemaligen I. Chemischen Institutes.

Blick in ein Forschungslabor: Alte und neue Geräte geben sich ein Stelldichein.

Seit Jahrzehnten sind die Institute in der Währinger Straße/Boltzmanngasse Horte der Naturwissenschaft. Während des Krieges wurden dort weitere Forschungseinrichtungen etabliert.

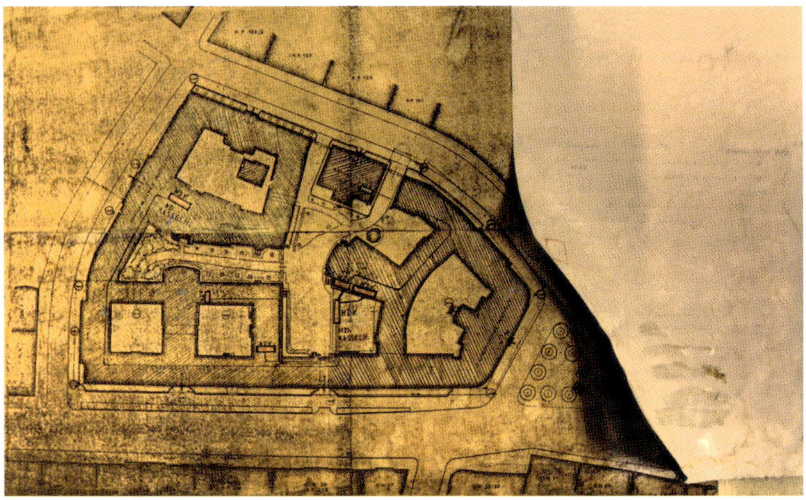

Im Keller lagern Teile der alten Laboreinrichtung.

In den Kellern des I. Chemischen Institutes agierten während der NS-Zeit Widerstandsgruppen.

sowie anderen Fächern betrieben. Hochrangige Wissenschaftler und Wissenschaftlerinnen arbeiteten hier, so zum Beispiel im Jahre 1927 auch Albert Einstein.
Unter diesem Gebäude befindet sich ein weitläufiges Labyrinth aus Gängen und Räumen. Wir kommen in Räume, in denen alte Maschinen abgestellt worden sind. Ein gewölbter langer Gang läuft parallel zur Währinger Straße. Hier treffen wir Handwerker, die mit dem Abpumpen von eintretendem Grundwasser beschäftigt sind. Der Werkmeister und der Haustechniker führen uns durch die Unterwelt des Institutes. Wir wollen in jeden Raum – so weit möglich – Einblick nehmen. Auf einer verstaubten Holzstellage stehen abgestellte und längst nicht mehr genutzte technische Apparaturen. Reagenzgläser aus ehemaligen Laboreinrichtungen verstauben zwischen Kisten und Schachteln.

Todesdrama um ein Elektronenmikroskop

Das Kellerlabyrinth in der Währinger Straße spielte besonders in der letzten Phase des Krieges eine nicht uninteressante Rolle. Im weitläufigen Keller befanden sich unter den vielen Menschen, die hier während der Luftangriffe Schutz vor den Bomben suchten, auch zahlreiche politisch und rassisch Verfolgte, die sich vor den Nationalsozialisten versteckten. Dazu zählten auch Widerstandskämpfer, im konkreten Fall die Männer der „Sondergruppe Tomsk", die seit 1942 im I. Chemischen

Ein Opfer kurz vor Kriegsende: Kurt Horeischy bezahlt seinen Versuch, das Elektronenmikroskop zu retten, mit dem Leben.

Institut existierte. Laut Aussage eines „Tomsk"-Mitgliedes umfasste die Gruppe am Institut 16 Personen, hauptsächlich Studenten, und soll über „1.000 Gewehre" verfügt haben. Kurz vor der Befreiung Wiens sollen Mitglieder der Widerstandsgruppe Leuchtpistolen abgeschossen haben, um mit sowjetischen Fliegern in Kontakt zu treten. Die Stimmung im Keller war angespannt – es herrschten Angst und gegenseitiges Misstrauen.

Zu den Mitbegründern der Widerstandsgruppe „Tomsk" gehörte auch Dr. Kurt Horeischy, der Leiter des Mikrochemischen Labors am I. Chemischen Institut; mit ihm befreundet war der Assistent Dr. Hans Vollmar. Kurz vor Kriegsende witterten die beiden Wissenschaftler, dass die Institutsleitung vorhatte – einer Weisung von Prorektor Dr. Viktor Christian vom 1. April 1945 folgend –, die hochmodernen technischen Geräte des Instituts unbrauchbar zu machen bzw. zu zerstören. Mit der Durchführung dieser Order wurde Dr. Jörn Lange, geboren im sächsischen Salzwedel, außerordentlicher Professor für physikalische Chemie am I. Chemischen Institut und stellvertretender Institutsvorstand, beauftragt. Lange, der sich an die Weisung der Institutsführung halten wollte, entschied sich dafür, das wertvolle Elektronenmikroskop des Hauses, ein Gerät der Firma „Siemens & Halske", von dem im ganzen „Reich" nur fünf bis sechs Apparate existierten, sowie ein Mikrophotometer und einen Spektralapparat nicht unversehrt in die Hände der Sowjets fallen lassen. Horeischy und Vollmar wollten diesen Akt der Zerstörung verhindern und den zu allem entschlossenen Fanatiker umstimmen.

Als Lange am 5. April 1945 – um 8 Uhr morgens hat der erste Generalangriff der sowjetischen Truppen auf Wien begonnen – ernst mit der Zerstörung des Instruments machen will, kommt es im Institut zu dra-

matischen Szenen: Mit vorgehaltener Waffe versuchen Horeischy und Vollmar, unterstützt von Max Slama, einem desertierten Polizisten, der sich den Widerstandskämpfern angeschlossen hat, Professor Lange in ein Zimmer zu sperren. Die Zeugenaussagen betreffend das nun folgende Geschehen sind unterschiedlich, fest steht, dass Professor Lange in seinem Büro plötzlich eine Schusswaffe zur Hand hat und aus nächster Nähe auf Horeischy und Vollmar feuert. Horeischy erliegt noch am selben Tag im Spital seiner Verletzung, Vollmar ist sofort tot.
Nach der blutigen Tat wurde Professor Lange von der Polizei verhaftet, nach kurzem Verhör aber wieder frei gelassen, da sich das Polizeikommissariat Alsergrund bereits in Auflösung befand. Den Berichten ist zu entnehmen, dass Lange ins Institut zurückkehrte und tatsächlich wesentliche Teile des Elektronenmikroskops und der beiden anderen Apparate „sicherstellte" und so unbrauchbar machte. Der Rest der Geschichte: Beamte des NKWD verhafteten nach der Befreiung Wiens den NS-Mörder; Jörn Lange wurde im Zuge eines Prozesses vor dem Volksgerichtshof am 15. September 1945 wegen „teils vollbrachten, teils versuchten gemeinen Mordes sowie wegen boshafter Beschädigung fremden Eigentums" zum Tode verurteilt. Bevor er hingerichtet werden konnte, nahm er sich am 21. Januar 1946 selbst das Leben: Er zerbiss heimlich eine Zyankalikapsel. Das beschädigte Elektronenmikroskop wurde vermutlich von den Sowjets abtransportiert.
Der in Wien geborene Erfolgsautor Johannes Mario Simmel (1924–2009), ein ausgebildeter Chemieingenieur, hat den tragischen Ereignissen am I. Chemischen Institut in seinem 1980 erschienenen Roman *Wir heißen Euch hoffen* ein Denkmal gesetzt.

Die fatale ARLZ-Anordnung

Anfang April 1945 begann die „Schlacht um Wien". Es war bald abzusehen, dass von den Verbänden der Wehrmacht und der SS anhaltender Widerstand, trotz Durchhaltebefehl Hitlers, nicht zu leisten war, zu groß war die Überlegenheit der „Roten Armee". Es drohte die Einkesselung der in Wien stehenden Einheiten. Um der Vernichtung zu entgehen, wurden von den Parteistellen und den Truppenkommandeuren verschiedene Szenarien zur Räumung bzw. Aufgabe der Stadt überlegt. Verschiedene angekündigte Stichwörter und Codebezeichnungen, wie „Wien" oder „Rechts der Donau", sollten grünes Licht für die Zerstörung bzw. „Lähmung" wichtiger militärischer, aber auch versorgungsbetrieblicher Einrichtungen geben. Diese Anordnungen korrespondierten mit dem berüchtigten Stichwort „ARLZ", dessen Anfangsbuchstaben für „Auflockerung", „Räumung", „Lähmung" und „Zerstörung" standen – Maßnahmen, die auf dem Prinzip der „Verbrannten Erde" basierten: Dem nachrückenden Gegner sollte keine wie immer verwertbare Infrastruktur hinterlassen werden. Mit der Anordnung „Rechts der Donau" wurde letztendlich der Rückzug der

Truppen über die Donau und die Sprengung der Brücken, also eine teilweise Räumung der Stadt, befohlen.
Vielfach wurden diese Anordnungen, insbesondere von den kommunalen Stellen, jedoch hintergangen und ignoriert. Es lag vielfach im Ermessen der jeweils Beteiligten, wie man darauf reagierte. Was die „Ausschaltung“ der technischen Geräte im I. Chemischen Institut in der Währinger Straße betraf, so hatte der damalige Prorektor der Universität Wien Dr. Viktor Christian seinen Mitarbeitern bereits am 1. April 1945 mitgeteilt, dass demnächst im Rundfunk das verlautbarte Stichwort „Wien“ durchgegeben würde. Am 5. April war es so weit: Die Vorbereitungen zur Zerstörung der Gerätschaften sollten beginnen und so machte sich Prof. Lange an diesem Tag für die Durchführung des Auftrages „Lähmung“ bereit. Dieses Unterfangen führte zur oben beschriebenen Tragödie.
Von der Wiener Gauleitung wurde der ARLZ-Befehl im Auftrag von Gauleiter Baldur von Schirach erst am 6. April 1945 mit der Direktive „L“, also für „Lähmung“, ausgegeben – eine Anordnung, die vielfach sabotiert wurde, so auch vom amtierenden Bürgermeister Hanns Blaschke. Er weigerte sich, diesem Befehl Folge zu leisten, zumal damit auch die letzten lebensnotwendigen Versorgungsmöglichkeiten für die Stadt zusammengebrochen wären.

Am Tatort heute

Ein Assistent des nunmehr hier ansässigen Instituts für physikalische Chemie, dem die Vorfälle rund um das besagte Elektronenmikroskop bekannt sind, öffnet uns die Tür zu dem Raum, in dem sich die schicksalsschwere Auseinandersetzung abgespielt haben soll. Heute wird dieses Zimmer als abgedunkeltes Labor genutzt. Ein Lasermikroskop und

In diesem Raum nahm am 5. April 1945 die Tragödie ihren Lauf.

andere sensible Forschungseinrichtungen stehen in diesem separaten Raum, der nur mit einer Schutzkleidung (Überziehschuhe) betreten werden darf.

Die nützliche Luftlagekarte

In einem der Kellerräume befindet sich hinter einer unscheinbaren Tür der Server des Instituts. Hier stehen die Switches, die alle Eingabestellen zu einem großen Netzwerk verbinden. Zutritt zu diesem etwa 5 x 5 Meter großen Raum haben nur einige Techniker. Vor einigen Jahren wurde er mit weißer Farbe ausgemalt, eine Wand wurde jedoch ausgespart und behielt ihr altes Erscheinungsbild. Auf wundersame Weise konnte so ein Zeitdokument bewahrt werden: eine große, über die ganze Wand sich erstreckende Landkarte, auf der Wien und seine Umgebung, eingefasst von drei konzentrischen Kreisen mit den Zahlen 1–40, zu erkennen sind.
In diesem Kellerabteil befand sich während des Zweiten Weltkrieges eine Stelle für Luftlagemeldungen. Eingegangene Informationen, die Auskunft über den Stand und die Entfernung der anfliegenden Bomberverbände gaben, wurden hier registriert. Im Zentrum des mittigen ersten Kreises mit der Ziffernfolge in den Sektoren 1–8 lag „Groß-Wien". In den beiden weiteren Kreisen mit den Ziffernfolgen 9–24 und 25–40 erreichte die Ausdehnung vom Zentrum Wiens aus einen Radius bis zu 75 km. Die Beobachter im Keller konnten den jeweiligen Stand der Bomberverbände, beispielsweise bis zum Neusiedler See, der auch in der Karte angezeigt ist, verfolgen. Auf der Karte entdecken wir Ortsnamen wie Mödling (Bereich 7), Tulln (Bereich 11), Neunkirchen (Bereich 38), Pressburg (Bereich 34). Neben der Karte sind die zentralen Bereiche (1–8) noch einmal detailliert mit den Stadtbezirken ver-

Im Serverraum des Institutes für physikalische Chemie: Eine Luftlagekarte hat die Zeiten überdauert.

1 Wien VIII
XVIII, XXVI,
2. IX, XIX, XXVI, Klo-
sterneuburg,
3. XX, XXI, Lang-
Enzersdf., Stammersdf.
Wolkersdf.
4. II, XXII, Kagran,
Breitenlee, D-Wagram,
Markgrafneusiedl.
Aspern, Gr-Enzersdf.
Schwechat, Fischamend.
6. IV, X, XXIII, Schwechat,
Laa, Lanzendorf, Himberg,
Gramatneusiedl.
7. V, XXII, XXIV, XXV,
Atzgersdf, Liesing,
Brunn, Mödling
Wr-Neudorf,
Guntramsdf
Gumpoldskirchen, Baden.
8. VI, VII, VIII, XV,
XXIV, XXV,
Mauer, Laab, Pressbaum
ZU

Auf der in Sektoren geteilten Karte konnten die in „Groß-Wien“ einfliegenden Bomberverbände laufend verfolgt werden. Ein glücklicher Umstand, dass bei der Adaptierung und Renovierung des alten Kellers auf dieses zeitgeschichtlich interessante Relikt Rücksicht genommen worden ist.

zeichnet. Die insgesamt 40 Sektoren sind schneckenförmig im Uhrzeigersinn aneinandergereiht. Vermutlich wurden die Meldungen über eine am Dach des Institutes angebrachte Antenne empfangen. Der Kurs der herannahenden Bomberverbände wurde stets genau verfolgt. Die im Keller wartenden Beobachter hatten im Speziellen die Aufgabe, die Sektoren 1–8 (entspricht „Groß-Wien") im Auge zu behalten – darauf weisen die acht Halterungen hin, die unter der Karte an der Wand angebracht sind. Es hängen noch die Nummernschablonen an den zugewiesenen Plätzen; daneben steht auch noch die Aufforderung „Zu prüfen".

Solche Luftlage-Wegverfolgungskarten waren während des Krieges der Wiener Bevölkerung bekannt und weit verbreitet. Die Karten gab es in verschiedenen Größen zu erwerben: als kleine Papierfalttafel zum Einstecken in die Tasche, als größere Kartontafel zum Anbringen im Luftschutzkeller. Man konnte die Tafel aus den Zeitungen ausschneiden oder sie bei diversen Ämtern beziehen. Diese „Warnkarten" waren nützliche Behelfe, die es ermöglichten, die ankommenden Meldungen der Radio-Sprecherin aus der Luftlagezentrale am Gallitzinberg auch optisch zuzuordnen. Auf diesen Karten konnte man nun genau erkennen, in welche Richtung sich die anfliegenden Bomber bewegten ,und war somit auf einen möglichen Luftangriff besser vorbereitet.

Noch bevor mit dem Aufheulen der Sirenen die „ÖLW", die „öffentliche Luftwarnung", ausgegeben wurde, konnten interessierte Personen schon den Kurs der Bomber mitverfolgen. Nicht alle US-Bomberstaffeln, die aus dem Süden (Italien) Richtung Wien flogen, griffen letztendlich auch Wien an. Die Amerikaner führten vereinzelt auch Scheinangriffe durch oder dirigierten ihre Bomber zu anderen Zielen. Direkter Luftalarm über Wien wurde in der Regel erst dann durchgegeben, wenn sich der Gegner auf 30 km genähert hatte, also in die Sektoren 1–8 einflog. Dann gingen die Sirenen los, dann sollte man sich auf den Weg machen, um noch rechtzeitig die Luftschutzkeller bzw. -bunker zu erreichen. Der öffentliche Verkehr (Straßenbahn) und die Arbeit wurden eingestellt.

Die Frage, ob die hier im Keller des Institutes aufgemalte Luftlagekarte nur hausintern verwendet wurde oder ob man von hier aus auch andere Stellen über den Stand der Luftangriffe informierte, vermag im Haus heute niemand mehr zu beantworten.

Aus den Prozessakten Jörn Lange, die sich auch auf Mikrofilm im Dokumentationsarchiv des österreichischen Widerstandes befinden, geht jedoch hervor, dass sich damals im Gebäude Währinger Straße 42 das „Reichsamt für Wirtschaftsausbau" sowie das „Vierjahresplan-Institut f. Physikalische Chemie von Stoffgemischen" befanden. Kurz vor Kriegsende wurde hier noch eine geheimnisumwitterte „Aktion Hexenkessel" geplant, bei der offenbar „Staubexplosionen" zur Unterstützung der Luftverteidigung eine Rolle spielen sollten.

Das „Enigma"-Depot in Wien

Ein Gebäude mitten in Wien: Hinter verschlossener Tür werden in einem Raum diverse Sende- und Empfangsgeräte gelagert, die aus den Beständen der deutschen Wehrmacht bzw. einer NS-Verwaltungsstelle stammen. Mit den Bediensteten wurde vereinbart, dass wir keine Ortsangabe veröffentlichen, aus der ersichtlich ist, wo sich diese geschichtsträchtigen Kommunikationsgeräte heute befinden. In diesem abgesperrten Depot lagern Geräte, die von irgendwo irgendwie hier hergebracht und dann abgestellt worden sind.
Wir sehen uns um und staunen über das, was es hier noch zu sehen gibt. Die verschiedensten historischen Apparate, welche in den originalen Transportkisten bzw. Metallgehäusen verwahrt werden, erscheinen im Vergleich zur Größe heutiger Geräte klobig und unhandlich. In einer Ecke steht ein großer Fernsprech-Vermittlungsschrank der Firma „C. Lorenz A.G., Berlin-Tempelhof". Die Vermittlungsstöpsel stecken noch, Etiketten mit den Aufschriften Graz, Linz, Salzburg, Steyr und Wels zeigen Schaltstellen an – Momentaufnahmen einer vergangenen Kommunikationstechnik, die von der modernen Computer- und Internetwelt längst überholt ist.
Gestapelt werden schwarze Kisten, auf denen noch die Aufdrucke „Kisten nicht stoßen!" zu lesen sind. Auf einem der Behälter klebt noch der Adressvermerk „An den Befehlshaber der Ordnungspolizei". Recht

Die berühmteste Verschlüsselungsmaschine des Zweiten Weltkrieges: Enigma.

C. Lorenz A-G
Berlin-Tempelhof
Wels
Graz
Steyr

schwer ist auch das Gehäuse des „NTG2“ (Netztastgleichrichters), eines Geräts, das ebenfalls von der C. Lorenz A. G. in Berlin-Tempelhof produziert worden ist. Einige hellbraune Holzkisten beherbergen jedoch einen ganz besonderen Schatz: die bekannteste Chiffriermaschine des Zweiten Weltkrieges, die legendäre „Enigma“. Wir holten aus den Stellagen einige dieser geheimnisvollen Maschinen hervor, von denen viele abenteuerliche Geschichten im Umlauf sind, um einen Blick darauf zu werfen. Die Verschlüsselungsmaschinen sind in einem guten Zustand; ein Exemplar wollten wir genauer studieren. Die Enigma hat Ähnlichkeit mit einer Schreibmaschine, jedoch kann man mit ihr nichts auf Papier schreiben. Ein Gerät besteht aus einer Buchstabentastatur, einem Lampenfeld (mit Buchstaben), einem Steckbrett und drei eingesetzten, rotierenden Walzen (jeweils mit der Nummerierung 01–26 für die Buchstaben A–Z). Alle Teile der Enigma sind miteinander geschaltet bzw. mechanisch verbunden.

Ein Fernsprech-Vermittlungsschrank: Welche Gespräche sind hier wohl vermittelt worden?

Das Geheimnis von Engima

Mit der Enigma erreichte das maschinelle Verschlüsseln von Nachrichten ein neues Qualitätsniveau. Texte wurden von einer Ausgangs-Dienststelle an eine Ziel-Dienststelle übermittelt. Damit der Feind oder dritte Personen die geheimen Nachrichten nicht „mitlesen“ konnten, wurden diese verschlüsselt an die Empfangsstelle übermittelt. Die Enigma fabrizierte aus einem „Klartext“ einen verschlüsselten Text. Dieser wurde dann per Funk durch den Äther weitergeleitet. Die Deutschen setzten von Afrika bis Norwegen, von Frankreich bis in die Tiefen Russlands, vom Atlantik bis zum Mittelmeer und dem Pazifik ihre codierten Meldungen ab bzw. „fingen“ diese wieder ein. Die Enigma bei der Ziel-Dienststelle konnte den empfangenen Text – für Unbeteiligte scheinbar ein sinnloser Buchstabensalat (gruppiert in Einheiten aus vier oder fünf Buchstaben) – wieder in einen Klartext umwandeln, so denn beide Geräte laut einem Codierschlüssel gleichgeschaltet, d. h. aufeinander abgestimmt waren. Der Codierschlüssel ergab sich aus der Positionierung und Einstellung der eingesetzten Walzen und der Stöpselung der Stecker.

Der Codierschlüssel wurde zunächst monatlich, gegen Ende des Krieges mehrmals am Tag geändert. Sender und Empfänger wurden davon unterrichtet, wann ein Auswechseln der Walzen und ein Umstellen der Stecker erfolgen sollten. Dabei gab es eine Schlüsselanleitung der „H. Dv. g.“ (Heeresdienstvorschrift geheim). Die Handhabung der Kombinationen war durch genaue Dienstanweisungen vorgegeben und dementsprechend vorzujustieren. In der Regel gab es wie gesagt für jeden Tag den sogenannten „Tagesschlüssel“. Damit das System aber noch verkompliziert wurde, wurde der Tageschlüssel nicht zum Verschlüsseln eingesetzt. Der Funker musste sich für jeden Funkspruch einen eige-

nen Schlüssel ausdenken, den sogenannten „Spruchschlüssel", mit dem er dann loslegen konnte.
Bevor mit der Eingabe des Textes begonnen wurde, waren die Walzen in eine bestimmte Anfangsstellung zu bringen, so dass drei bestimmte Buchstaben in den drei Feldern zu sehen waren. Um eine Nachricht durchzugeben, tippte man nun den „Klartext" an der Tastatur – Buchstabe für Buchstabe – ein und es leuchtete am darüberliegenden Lampenfeld sogleich – Buchstabe für Buchstabe – der „verschlüsselte Text" auf. Im Inneren der Maschine war ein Stromkreis integriert, der mittels eines Schaltkreises die Buchstaben am Lampenschirm grün aufleuchten ließ. So entstand dann eine Buchstabenkombination, die sich der Schreiber nur notieren und an den Empfänger weiterleiten musste. Hatte dieser seine Enigma richtig eingestellt, konnte er die Meldung wieder in Klartext erscheinen lassen. So wurden beispielsweise in der Wehrmacht Angriffstermine und Termine für andere militärische Operationen an die einzelnen Kommandostellen weitergeleitet. Die gesamte deutsche Heereslogistik vertraute dem Prinzip der Enigma. Auch die Dienststellen an der „Heimatfront" arbeiteten mit der Enigma; besonders beliebt waren die Geräte bei der Polizei.
Die Alliierten unternahmen große Anstrengungen, um hinter das Geheimnis von Enigma zu kommen. Sie studierten eifrig die Funktionsweise dieser deutschen Wundermaschine und tüftelten an der Dekodierung. Im Inneren des Gehäuses lief ein mechanischer Prozess ab. Herzstück waren die drei eingerasteten Walzen im Gerät. Jede Walze wurde bei jedem Anschlag zum nächsten Buchstaben ein Stück weitergedreht. Die Gesamtrotation einer Walze erforderte 26 (entspricht den 26 Buchstaben des Alphabets) Eingaben. War eine Komplett-Drehung der ersten Walze erfolgt, wurde die nächste angekoppelte Walze um ein Feld weitergedreht, d. h. die zweite Walze wurde in Rotation versetzt usw. Das System ist mit einem laufenden Tachometer vergleichbar: Bei Inbetriebnahme läuft ein Prozess ab, der Abertausende von Positionen einnehmen kann.
Die Enigma unterstützt in ihren Drei-Walzen-Modellen 26 x 26 x 26, somit 17.576 unterschiedliche Schlüssel. Dazu sind aber noch nicht die Varianten gezählt, die bei der Umstellung der Stecker noch hinzukommen. Durch das angeschlossene Steckerbrett an der Vorderseite der Enigma, aus welchen sich zusätzlich unendlich viele Kombinationen ableiten lassen, konnte das System weiter verkompliziert werden. Die Enigma-Maschine stellte so für Entzifferer eine wirklich harte Nuss dar. Ein Knacken des Codes für Dritte, die den Schlüssel nicht kannten, war fast unmöglich.
Wir untersuchen eine 3-Walzen-Maschine. Das Batteriegehäuse ist leer, so dass keine Funktionsüberprüfung möglich ist; der mechanische Vorgang der Walzenschaltung kann trotzdem ausprobiert werden. Die Walzen sind von links nach rechts in folgender Reihenfolge eingesetzt (III,

Das Innere der Enigma: Drei-Walzen-System, Tastatur und Steckerfeld.

Mit der Wahl der Stöpselung im Steckerfeld konnten weitere tausende Kombinationen gesetzt werden. Eine Entschlüsselung des ausgegebenen Textes ohne Codierschlüssel sollte für Nichteingeweihte unmöglich sein.

II, I). Je nach gewählter Walzengrundstellung beginnt bei jedem Anschlag die Walze I (ganz rechts) sich um eine Einheit weiterzudrehen. Nach theoretisch 26 Anschlägen wird die Walze II um eine Zahl weitergesetzt; nach theoretisch 526 Anschlägen setzten sich die Walze III (und auch Walze II) um einen Satz weiter.

Vorsichtig lösen wir die drei eingerasteten Walzen zwecks genauerer Untersuchung aus dem Gehäuse. Jede Walze trägt den Stempel der „WaS" (Wehrmachtsabnahmestelle) mit dem obligatorischen Reichsadler. Nachdem wir die Enigma wieder zusammengesetzt haben, untersuchen wir auch die Holzkassetten, in denen jeweils zwei weitere Walzen verwahrt werden – es sind interessanterweise die Walzen „IV" und „V".

Der richtige Schlüssel war und ist das A und O jeder Kryptologie. So war das schon zur Zeit von Julius Cäsar, der seinen Legionen verschlüsselte Nachrichten übermittelte. Seit jeher werden ausgeklügelte Chiffriersysteme verwendet, manche schrieben Geschichte, andere wurden zu einem Flop. Die heutigen täglich angewendeten Strichcodes und die Chipkarten in unserem Umfeld sind die Enkelkinder der Technologie der endlos langen Kryptologie-Geschichte. Die verbliebenen deutschen Enigmas sind Sachzeugnisse und so auch „Spuren" des Zweiten Weltkrieges, die zweifellos das heutige Computerzeitalter beeinflusst haben. Heute gibt es vom Bank-IBAN-Code bis zum QR-Code alles. Jedes Handy hat einen PIN-Code. Selbst jedes Buch – auch dieses – hat einen eigenen Code, den ISBN, den nur Eingeweihte entschlüsseln können.

1942 entwickelten die Deutschen noch eine erweiterte Enigma mit vier Walzen („Griechenwalze"). Die Deutschen waren felsenfest davon überzeugt, dass die Alliierten diese Hochleistungs-Verschlüsselungsmaschine niemals knacken konnten. Sie irrten sich aber: Die Spezialisten der alliierten Abwehr waren schon vor dem Zweiten Weltkrieg in der Lage, den deutschen Funkverkehr, der mittels Enigma verschlüsselt war, abzuhören. Die Enigma hatte ihre Schwachstellen.

Im Raum, den wir zur Untersuchung nutzen, befinden sich mehr als neun Enigmas. Sie werden wie Schatzkisten gehütet. Diese Geräte faszinieren jeden Betrachter. Sie sind die letzten Sachzeugnisse einer interessanten Technikgeschichte. Im Zweiten Weltkrieg gehörten diese Maschinen zum Handwerk der Kriegsführung. Alle kriegführenden Nationen bedienten sich Chiffriermaschinen und lieferten sich dadurch einen Wettlauf der Technologie.

Während des Ersten Weltkrieges standen noch keine praxistauglichen Verschlüsselungsmaschinen zur Verfügung; Anfang der 1920er Jahre experimentierten deutsche Techniker mit den Vorläufern von Enigma. Die erste klassische Enigma entwickelte der gebürtige Frankfurter Elektroingenieur Arthur Scherbius (1878–1929), der seine Erfindung nach dem griechischen Wort „enigma" für „Rätsel" taufte. Dieses Gerät wurde schließlich zur ultimativen Verschlüsselungsmaschine der Deutschen im Zweiten Weltkrieg. Man schätzt, dass im Deutschen Reich etwa zweihunderttausend Enigmas gebaut worden sind. Die Enigma wurde aber nicht nur bei den drei Waffengattungen der Wehrmacht, sondern u. a. auch bei der Polizei und anderen Dienststellen des administrativen Apparats im Dritten Reich eingesetzt. So stand die Enigma auch bei der Bahn und sogar in den Konzentrationslagern in Verwendung.

Anleitung im Kasten einer Enigma: „Heeresdienstvorschrift geheim".

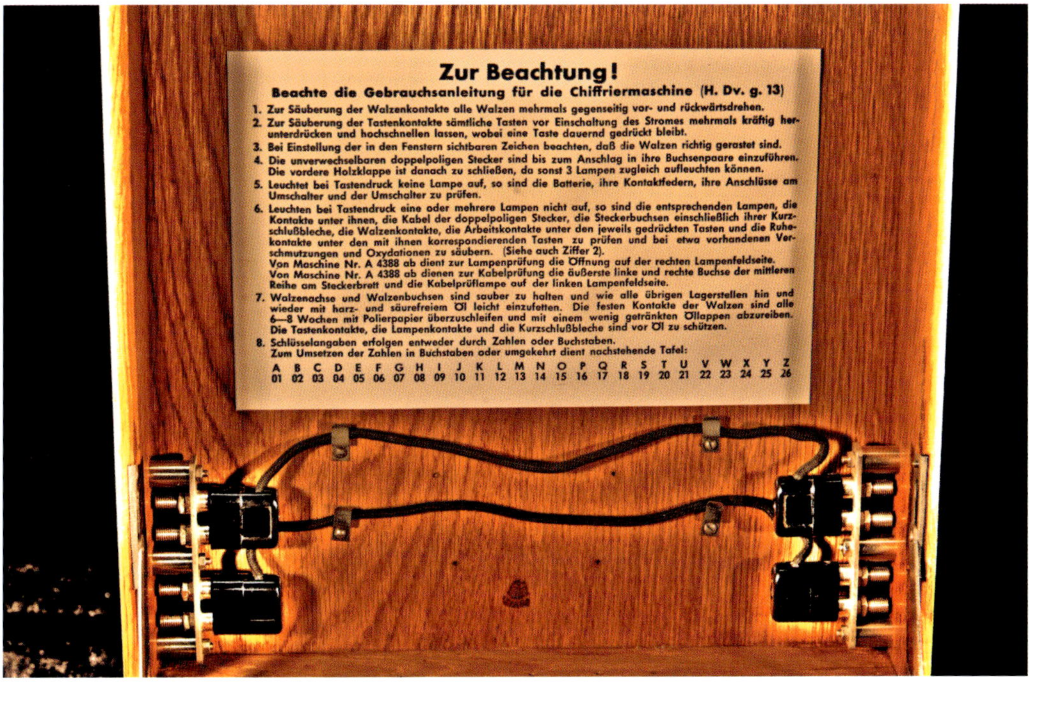

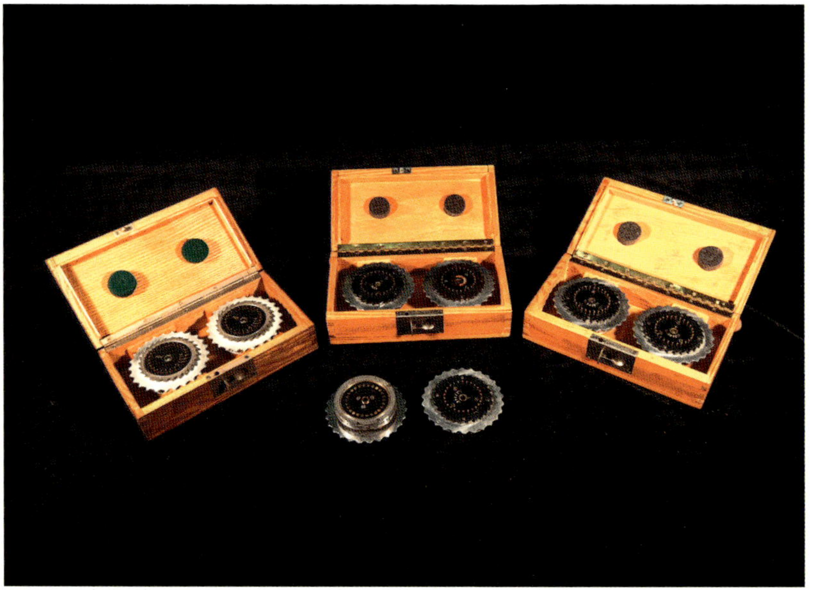

Ersatzwalzen für die Enigma zum Austauschen des Codierschlüssels.

Welche Nachrichten, Anweisungen, Befehle oder Meldungen durch die hier aufbewahrten Enigmas versendet worden sind, kann heute nicht mehr eruiert werden. Was hier durchgegeben wurde, bleibt für immer ein Geheimnis. Hergestellt wurden diese hier verbliebenen Enigmas laut Herstelleretikett von der Firma „Heimsoeth und Rinke, Berlin-Wilmersdorf, Uhlandstraße 135" – Rudolf Heimsoeth und Elsbeth Rinke hatten das ehemalige Unternehmen von Scherbius 1934 übernommen und produzierten dann die Enigmas. Die Vermutung liegt nahe, dass diese Maschinen bei einer Wiener Polizeidienststelle Verwendung gefunden hatten.

Code-Knacker

Wo lagen die Schwachstellen einer verschlüsselten Nachricht und wie gelang es den Engländern, den Code der Deutschen zu knacken? Die ersten erscheinenden verschlüsselten Buchstaben waren für spionierende Dritte besonders wichtig. Dadurch, dass die Buchstaben auf den Walzen monoalphabetisch (d. h. in der Reihenfolge des Alphabets) angeordnet waren und die ersten Buchstaben von der ersten sich drehenden Walze stammten, konnte man hier mit der „Häufigkeitsanalyse" der Buchstaben arbeiten, um die geheime Nachricht zu entziffern. Es ist statistisch erwiesen, dass im Deutschen der Buchstabe „e" der häufigste Buchstabe ist. Dann folgen die Buchstaben „n", „s", „ r", „ a" und „t". Es ist verblüffend, wie gesetzmäßig in einem Text die einzelnen Buchstaben des Alphabets vorkommen. Auch die häufigsten Buchstabenpaare sind festzustellen: „en" und „er", ebenso die häufigsten kurzen Wörter.

Die Engländer, die akribisch an der Dechiffrierung der deutschen Funksprüche arbeiteten, orientierten sich häufig an stereotypen Formulierungen wie OBERKOMMANDO DER WEHRMACHT. Mit Hilfe dieser immer wiederkehrenden Wörter oder bestimmten Wortfolgen konnte man den Schlüssel finden, mit dem der Funkspruch aufgegeben worden war. Mit dieser vermuteten Wortfolge, die in der Buchstabenkombination zu erkennen war, konnte die Arbeit erleichtert werden. Die Engländer nannten solche richtig aufgelösten Wörter „Cribs“. Auch das Wort FUEHRERHAUPTQUARTIER war so ein typischer „Crib“ – ein unverkennbares Wort, von denen es im Sprachgebrauch des Dritten Reiches etliche gab, wie z. B auch REICHSSTATTHALTER. Aber auch Buchstabenfolgen von bestimmten Wörtern, die nichts mit dem NS-Staat zu tun hatten, wie z. B. WETTERVORHERSAGE, boten hilfreiches „Futter“ für die Dekodierung eines Textes.
Dem polnischen Mathematiker und Kryptologen Marian Rejewski (1905–1980) glückte es schon 1932, die Verschlüsselung durch Enigma zu knacken – der polnische Geheimdienst konnte so schon in den 1930er Jahren deutsche Funksprüche entziffern. Die Polen gaben ihre Erkenntnisse noch vor dem Ausbruch des Zweiten Weltkrieges an ihre Bündnispartner England und Frankreich weiter. Die Briten bauten in Bletchley Park in der Nähe von London eine große „Dechiffrierfabrik“ auf, ein Geheimprojekt, in dem sie riesige Spezialmaschinen entwickelten, die sie ihrerseits „Bomben“ nannten, die rund um die Uhr alle Verschlüsselungs-Varianten der Enigma durchspielten, um so den deutschen Tagesschlüssel zu knacken. Ein gewaltiger Aufwand, der sich aber lohnte. In der Konstruktion einer „Bombe“ waren 108 Enigma-Walzen eingebaut, sodass sie 36 Enigmas simulierten. Jede dieser kastenförmigen Gebilde probierte automatisch jeden der 17.576 möglichen Schlüssel durch und überprüfte mit einer elektrischen Schaltung, ob es der richtige war. *Top secret!* Wer in Bletchley Park arbeitete, war ein besonderer Geheimnisträger. Rund 9.000 Personen werkten hier bei Hochbetrieb. Sie waren Mathematikgenies und Tüftler, die stundenlang Buchstaben-Kombinationen erstellten. Mit den ausgetüftelten „Bomben“ sparte man viel Zeit, und Zeit war kostbar in diesem Krieg, in dem es darauf ankam, schnell zu reagieren.

Verlassene Direktion

Ein altes Fabrikgebäude in der Felberstraße in Rudolfsheim-Fünfhaus, dem XV. Wiener Gemeindebezirk. Da die oberen Stockwerke von der gegenwärtig hier ansässigen Firma nicht genutzt werden, gingen wir davon aus, dass hier noch Reste von der alten Inneneinrichtung vorhanden sein könnten. Beim Inspizieren der einzelnen Stockwerke – der „Verwalter“ führte uns persönlich durch die einzelnen Etagen – kamen

In der ehemaligen Direktionsetage einer Wiener Fabrik: Die übermalten Abzeichen der DAF (Deutschen Arbeitsfront), einst zierten sie die Bordüre, treten an den Wänden wieder hervor.

Eines der im Krieg angebrachten Verdunkelungsrollos hat alle Zeiten bis heute überdauert.

wir durch leere Büroräume, in denen der typische Geruch von schlecht durchlüfteten Zimmern haften geblieben war. Die alten Holzböden knarrten, die milchigen Fenster waren verschlossen, der Lack an den Fensterbänken und der Verputz an den Wänden lösten sich bereits. Die Räume waren leer. Von der Inneneinrichtung war nichts mehr vorhanden. Keine Tische, Sessel oder Kästen. Der Name der einstigen Firma, die hier in der Zeit des Krieges ihren Sitz hatte, ist uns durchaus bekannt. Wir wollen ihn in diesem Buch jedoch nicht nennen. Die Nachkommen des einstigen Firmeninhabers sollen nicht kompromittiert werden.

Zeichen der Zeit: DAF und Verdunkelung

In einem Raum der ehemaligen Direktionsetage ist durch eine undichte Stelle an der Decke Wasser eingedrungen. Dies hatte zur Folge, dass die Farbe, mit der man nach dem Krieg unangenehm gewordene Zeichen an den Wänden übermalt hatte, abgeronnen war. Zum Vorschein kamen NS-Symbole, mit denen man einst die Bordüre dekoriert hatte – der durchgehende Wandfries ist mit dem bekannten Emblem der „Deutschen Arbeitsfront“ (DAF) geziert: dem Hakenkreuz, eingefasst von einem Zahnrad. Was hier in diesem einst repräsentativen Besprechungszimmer vereinbart worden war, verhallte bereits vor langer Zeit. Auch wenn die Zeichen der NS-Epoche weitgehend verblasst sind, sprechen sie noch immer eine deutliche Sprache.
Die 1933 gegründete und von Robert Ley (1890–1945) geführte „Deutsche Arbeitsfront“ ersetzte die freien Gewerkschaften, die im „Dritten Reich“ aufgelöst worden waren. Die Angestellten der Betriebe mussten monatlich einen Beitrag für diese Organisation zahlen, erhielten

dadurch Arbeitsschutz und Vergünstigungen, waren aber letztendlich dem Regime ausgeliefert.
Das Einzige, was in diesem Stockwerk noch ein wenig an die einst vermutlich kostspielige Einrichtung im „Chefbüro" des Firmeninhabers erinnert, sind zwei Kaminöfen und die Reste eines gekachelten Badezimmers sowie im Treppenhaus zwei bunte Glasfenster mit einem Bären im Wappen. In einer großen Halle taucht dann unerwartet noch ein Relikt aus dem Zweiten Weltkrieg auf: Ein rabenschwarzes Verdunkelungsrollo, bedeckt mit einer dicken Staubschicht, hängt regungslos wie eine gegerbte Elefantenhaut vor einem großen Fenster. Es scheint, als ob es seit rund 70 Jahren keinen Sonnenstrahl mehr in den Raum hineingelassen hätte. Die von den Behörden angeordneten „Verdunkelungsvorschriften" sahen vor, dass in der Nacht kein Lichtstrahl in den dunklen Himmel dringen sollte. Man wollte verhindern, dass gegnerische Flugzeuge durch Licht angezogen werden. Die stolze „Gauhauptstadt Wien" versteckte sich in völliger Dunkelheit.

Im Bunker neben der Wiener Zentrale des „Völkischen Beobachters"

Dr. Heinz Lunzer, der frühere Leiter des „Literaturhauses", erzählte bei einem Treffen mit uns Wissenswertes aus der Geschichte des Hauses. Das stattliche Gebäude, Seidengasse 13, errichtet Ende des 19. Jahrhunderts, besitzt im Hof ein interessantes Stahlbetonbauwerk, in dem sich lange Zeit ein Textil-Großlager befand. Während des Krieges und auch in den späteren Jahren war in diesem Haus die „Meister Krankenkasse" einquartiert; später das „Dramatische Zentrum". 1991 wurde in diesem Gebäude das „Literaturhaus" eröffnet, das von nun an zur Begegnungsstätte und Informationsdrehscheibe für Autorinnen und Autoren wurde. Ein weiteres historisches Detail soll jedoch nicht unerwähnt bleiben: Während der Besatzungszeit befand sich hier der von den Amerikanern kontrollierte und später vom ORF übernommene Sender „Rot-Weiß-Rot". Es war also schon damals ein Gebäude, in dem Informationen zusammenflossen und weitergeleitet wurden.
Auch das Nachbarhaus, Seidengasse 3–11, hat eine beachtenswerte Geschichte. In diesem befand sich der Sitz der 1873 vom dem aus Falkenau/Eger stammenden Lithografen Josef Eberle gegründeten Groß-Druckerei „Waldheim-Eberle", die am Vorabend des Ersten Weltkrieges über 1200 Mitarbeiter beschäftigte. Während der NS-Zeit wurde hier die „Wiener Ausgabe" des *Völkischen Beobachters* gedruckt. Es war die nationalsozialistische Propagandazeitung des „Dritten Reiches". Nach dem „Anschluss" Österreichs an Hitler-Deutschland war der Verlag „Waldheim-Eberle" kurzerhand enteignet und dem NSDAP-Zentralverlag eingegliedert worden. Ab diesem Zeitpunkt herrschte im Haus der

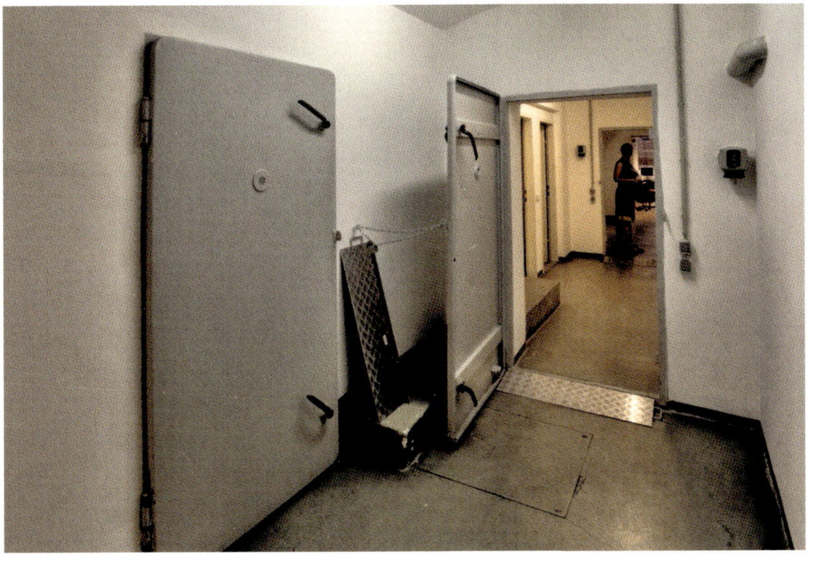

Im ehemaligen Luftschutzkeller, Bereich Gasschleuse. Im Haus daneben befand sich die Zentrale des „Völkischen Beobachters“.

Ungeist des Nationalsozialismus. Aus den Druckmaschinen kamen in den nächsten Jahren Papierbögen mit NS-Propaganda und dieser folgten Durchhalteparolen, ehe das „1000-jährige Reich“ 1945 wie ein Kartenhaus in sich zusammenbrach.
Während der Besatzungszeit quartierten sich an diesem vorbelasteten Ort die Amerikaner ein. Sie bauten ein eigenes Nachrichtenzentrum auf und sorgten dafür, dass auf den unzerstörten Druckmaschinen unter ihrer Aufsicht die ersten demokratischen Blätter der Zweiten Republik hergestellt werden konnten: u. a. die Zeitungen *Neues Österreich* und *Wiener Kurier*. Um das Jahr 2000 wurde das ganze Gebäude abgerissen, an seiner Stelle entstand ein Neubau mit Tiefgarage.
Eine bauliche Hinterlassenschaft des Zweiten Weltkrieges ist aber noch in den Kellern des Hauses Seidengasse 13 vorhanden: ein großer Luftschutzraum. Dr. Heinz Lunzer erläuterte, dass er bei der Adaptierung der Kellerräume für die Zwecke des „Literaturhauses“ die Luftschutztüren neu lackieren ließ. Die nutzlos gewordenen Belüftungsmaschinen wurden herausgerissen und entsorgt. Verblieben sind noch die Überdruckventile bei den ehemaligen Gasschleusen. Laut der zum Teil noch vorhandenen Etikettierung stammen diese von der renommierten Berliner Firma „Auer“, die sich seinerzeit auf Gasschutz- und Feuerschutzutensilien spezialisiert hatte.
Die Wände in diesem Teil des Kellers wurden neu gestrichen. Bis dahin waren noch die Reste der leuchtenden Phosphorstreifen zu sehen gewesen. Ein ungewöhnlicher Notausstieg ist die heute noch an der Kellerdecke verbliebene, waagrecht eingebaute Stahltür.
Neben diesem neuadaptieren Kellerbereich befinden sich noch unberührte Kellerräume, die nicht mehr zum „Literaturhaus“ zu zählen sind. Der Hauswart öffnete uns den Zugang zum restlichen Keller des

Hauses. Dort findet sich am Verputz noch der im Krieg übliche breite weiße Kalkanstrichstreifen. Vor einer Kellerwand steht ein großer Schrank, der offensichtlich, da nicht mehr gebraucht, hier deponiert worden ist. Zur Seite geschoben, kann man dahinter im aufgemalten Richtungspfeil, der zum Bereich des „Literaturhauses“ zeigt, den Hinweis „Luftschutz-R“ (Raum) lesen.

Ein Zeitzeuge erzählt: Als Kind im Luftschutz-Keller

Bezüglich eventueller noch lebender Zeitzeugen aus der Kriegszeit, die noch heute im Haus wohnen, gab uns Dr. Lunzer den Tipp, sich mit Herrn L. in Verbindung zu setzen. Er hatte schon als Kind in diesem Haus gewohnt. Der Kontakt war schnell hergestellt. Herr L., geboren 1940, erzählte bereitwillig seine persönlichen Erlebnisse. *Nach dem Verhalten und den Anweisungen der Erwachsenen merkten wir Kinder, dass es gut war, auf sie zu hören. Für uns waren die Bombenangriffe und die damit verbundenen Stunden im Keller keine außergewöhnlichen Situationen. Mit meiner Mutter bin ich bei Alarm, auch nachts mussten wir hinunter, in den Bunker gegangen. Erinnerlich sind mir die breiten Bänke. Ich schlief sogar, in Decken eingehüllt, auf diesen. Ich nahm auch mein Spielzeug mit. Das kleine Lastauto aus Holz war mit Leuchtfarbe gestrichen. Dass das giftig sei, wusste ich damals natürlich nicht. Im Keller hielten sich nur die Bewohner und die Bediensteten der Krankenkasse auf. An fremde Personen kann ich mich nicht erinnern. Als ärztliche Hilfe gab es ausgebildete Laienhelferinnen. Irgendwo hing sicherlich auch eine Luftschutzapotheke mit Verbandszeug. Unser Hausmeister fungierte als Luftschutzwart. Er trug eine Armschleife. Im Keller gab es mehrere Notausstiege. Einer führt durch eine schmale Treppe auf die Seidengasse, den man heute noch erkennt. Erinnern kann ich mich auch an das gro-*

In Wien wurde eine eigene Ausgabe des NS-Kampfblattes „Völkischer Beobachter“ gedruckt.

ße eiserne Eingangstor, heute noch existent, das der Luftschutzwart mit Schienen blockierte. Dass es eine Verbindung zum Nachbarhaus Seidengasse 11 (Druckerei des VB, Anm. Autor) *gab, bezweifle ich. Die hatten dort sicherlich ihren eigenen bombensicheren Luftschutz-Keller.*
Die Versorgung funktionierte im Krieg gut. Gegen Ende des Krieges gab es nur mit dem Wasser Probleme. Diesbezüglich wurde es schon manchmal etwas eng. Unser Luftschutzwart sammelte, bevor die russischen Soldaten erschienen, von den Hausparteien alle möglichen belastenden NS-Utensilien ein. So erhielt er – als Vertrauensperson – eine Menge diverser Hakenkreuz-Abzeichen. Er versicherte uns, dass er diese entsorgen werde. Alle im Haus verbrannten eifrig ihre Nazibücher und Hitlerbilder. Als die Russen durch die Stockwerke gingen und in die Wohnungen schauten, warfen sie auch einen Blick in die Öfen, ob dort nicht gänzlich verbranntes ‚Hitler-Zeugs' herumliegt. Wir hatten einen großen Kachelofen, in dem natürlich auch herumgestochert wurde. Unser ehemaliger Luftschutzwart, der zuvor alles einkassiert hatte, kam uns seltsam vor. Ich denke, er hat alle von den Hausparteien zusammengetragenen Naziutensilien nicht wirklich vernichtet, sondern bloß sicher vor den Russen verwahrt und sie nach deren Abzug an Sammler, möglicherweise an die nachkommenden amerikanischen Besatzer gegen Lebensmittel eingetauscht. Da in unserem Haus der von den Amerikanern kontrollierte Sender ‚Rot-Weiß-Rot' einzog, erhielten wir auch einen US-Posten vor unserem Tor. So fühlten wir uns im Haus sicher. Das war auch die Zeit, in der ich mit den Kaugummis Bekanntschaft machte.

Die verschüttete Leiche

Der Bombenkrieg hat die betroffenen Länder des Zweiten Weltkriegs in Bezug auf Bergung, Bestattung und Identifizierung der vielen Luftkriegsopfer vor schwere Aufgaben gestellt. Bereits bei der Feststellung der Identität der geborgenen Leichen waren die damit betrauten Behörden oft überfordert. Der „anonyme" Tod – im Vergleich dazu waren die Gefallenen des Ersten Weltkrieges fernab der Heimat in Massengräbern bestattet worden – war nun direkt in den Städten angekommen. Das Antlitz des Krieges zeigte sich nun direkt in der Stadt und hielt Einzug in die urbane Gesellschaft. Die Körper der Toten des Bombenkrieges, ob nun identifizierbar oder nicht, waren oft grässlich entstellt. Diese neue Situation brachte den Staat und die kommunalen Stellen in Bedrängnis, da sie auf diese Konfrontation reagieren mussten. Aufgrund der Pietät muss der „Tod" den bekannten „Sterberitualen" angepasst werden. Krisenstäbe wurden zu Managern, die in diesen extremen Situationen emotionslos handeln mussten.
Dazu kamen noch die logistischen Probleme wie die Bereitstellung von tausenden Särgen und die rasche Bestattung der Toten aus hygienischen Gründen. Eine angemessene „traditionelle" Bestattung war kaum mehr möglich. Die Toten mussten schnell beerdigt werden, was auch im

Sinne der Aufrechterhaltung der Kriegsmoral zwingend war – der Staat wollte dem „Volk“ den Anblick des Todes ersparen. Das Nichtzeigen der immer zahlreicher werdenden Luftkriegstoten wurde Bestandteil der Politik. Die vielen Bombenleichen sollten schnell aus dem Stadtbild, aus den verschütteten Kellern und von den Straßen „verschwinden“, damit sie am Ende nicht selbst zu Symbolen nationaler Verletzbarkeit werden könnten.

Schon mit Kriegsbeginn wurden individuelle Beerdigungswünsche gestrichen. Mit Fortdauer des Krieges wurde der Umgang mit Verstorbenen Schritt für Schritt geändert. Zu den Restriktionen der Städtischen Bestattung gehörten etwa der Verzicht auf die Beistellung von Fackelträgern, Fackelreitern, Autoblumen- und Autoglasleichenwagen. Kondukte und Leistungen, die mit einem unverhältnismäßig großen Aufwand an Personal, Material und Zeit verbunden waren, durften ebenfalls nicht mehr bereitgestellt werden. Ab 1943 wurde die Zahl der Sargträger auf vier statt bisher sechs reduziert; diverse Beschränkungen regelten die Intervalle der Kondukte und die Beerdigungsstunden, die auf ein Minimum gekürzt wurden. Der einsetzende Luftkrieg und der konstante Anstieg der Toten führten dazu, dass der Staat auch die Mitsprache der Angehörigen betreffend Art und Zeitpunkt der Bestattung immer mehr einschränkte.

Wien erlebte insgesamt 53 Bombenangriffe. In den offiziellen Tageszeitungen wurden die „Gefallenen“ namentlich erwähnt, die bei den „Terrorangriffen“ ums Leben kamen.

Zeitzeugen berichten in ihren Erinnerungen, dass geborgene Leichen nach den Luftangriffen notdürftig in Papiersäcke eingewickelt und provisorisch in Parkanlagen bestattet wurden, da keine Särge mehr vorhanden waren. Nach dem Krieg wurden die Leichen exhumiert und auf Friedhöfe überführt. Mitunter kam es vor, dass auf Tote und Verschüttete „vergessen“ wurde. Laut statistischen Berichten hatte Wien 8769 Luftkriegstote zu beklagen.

Im Depot der Sammlung der Medizinischen Universität befindet sich, verwahrt in einer Holzkiste, die mumifizierte Leiche einer unbekannten männlichen Person, die bei Abbrucharbeiten 1951 in Simmering geborgen worden ist. Unterlagen, die die Fundumstände genauer beschreiben, sind uns keine bekannt. Es wird erzählt, dass der „Tote“ bei einem Luftangriff verschüttet und im Trümmerschutt bis zu seiner Entdeckung verblieben war.

Ob es über die „Luftkriegsleiche“ von Simmering auch einen „Autopsiebericht“ gibt, wissen wir nicht. Die Kleidung des Toten könnte die Frage der Identität beantworten. Offensichtlich ist, dass es sich hier um einen Zwangsarbeiter handelt.

In einem Depot der Medizinischen Universität, verwahrt in einer Holzkiste und der Öffentlichkeit nicht gezeigt: der mumifizierte Leichnam des vermutlich letzten sichtbaren Bombenopfers aus dem Zweiten Weltkrieg.

Folgende Doppelseite: *Der Geschützturm im Arenbergpark, hier aus der Sicht der Luftbildkamera, ist ein unglaublicher Monumentalbau. Im Verband mit weiteren Flaktürmen war er ein Eckpfeiler der aktiven Luftabwehr und eine Schutzinsel für die Zivilbevölkerung.*

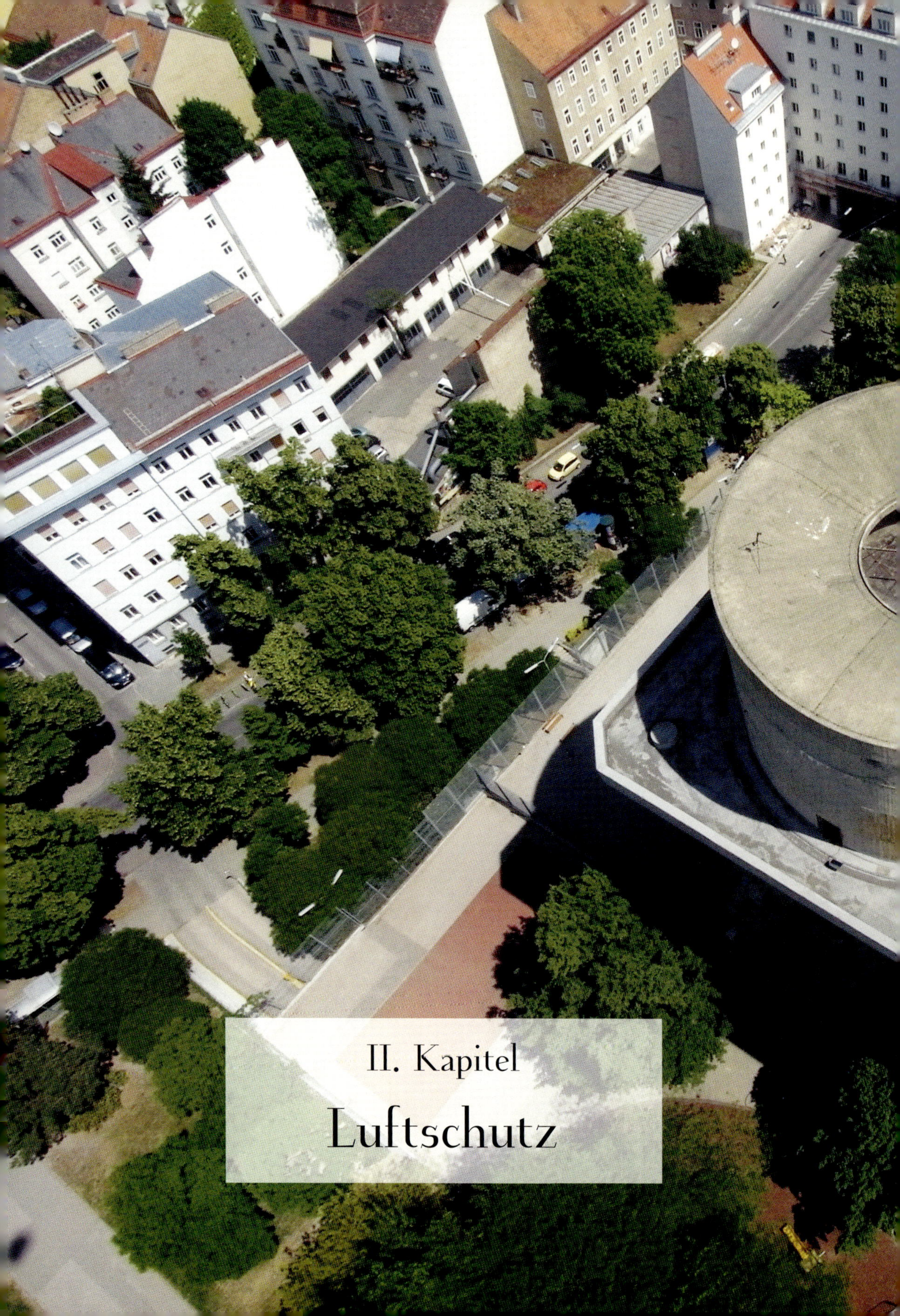

II. Kapitel

Luftschutz

„Luftschutzgemeinschaften“

Unter dem Begriff „passiver“ Luftschutz ist das Ausharren der schutzsuchenden Bevölkerung in den Schutzräumen zu verstehen, die in Wirklichkeit keine Chance hatte, „aktiv“ etwas gegen die angreifenden Bomberverbände zu tun. Die einzige Möglichkeit, in den prekären Situationen der Luftangriffe im Keller zu überleben, war, auf die im Krieg ausgegebenen Richtlinien und Anordnungen zurückzugreifen. Darauf zu vertrauen und diese einzuhalten, war nicht verkehrt.

In der zeitgenössischen Broschüre Die *Luftschutzfibel,* herausgegeben in Berlin im Jahre 1933 (Verlag Offene Worte, Berlin W 35), zu der Zeit, als im Deutschen Reich der Luftschutzbund gegründet wurde, wird definiert: *Der zivile Luftschutz unterscheidet einen ‚aktiven‘ und einen ‚pas-*

Der totale Krieg erreicht die zivile Gesellschaft: Bombenexplosion in der Wohnung, am Schulweg, im Büro, in der Fabrik. Zeitgenössische Darstellung.

siven' Teil der Bevölkerung. Zum aktiven Teil rechnen alle diejenigen Personen, die für die Durchführung der Schutzmaßnahmen gebraucht werden und während eines Luftangriffes tätig bleiben müssen, wie z. B. Polizei, Feuerwehr, Ärzte und Samariter, Technische Nothilfe, kommunale Fachtrupps. Zum passiven Teil gehört die große Masse der übrigen Bevölkerung. Zur praktischen Durchführung der zivilen Schutzmaßnahmen ist das Zusammenwirken zahlreicher Einrichtungen behördlicher und privater Art erforderlich. Um diese Vielheit von Einrichtungen straff zusammenzufassen und zu einheitlichem Wirken zu bringen, muß die Vorbereitung und Durchführung aller Maßnahmen in den Händen des Staates liegen. So mussten die gesamte Bevölkerung Deutschlands und nach dem sogenannten „Anschluss" Österreichs auch die Österreicher nach dem Gutdünken der NS-Führungsspitze handeln. Zur zentralen Institution in Belangen Luftschutz und Luftabwehr wurde das „Reichsluftfahrtministerium" unter der Leitung Hermann Görings.

Während einer praktischen Übung können die Frauen unter Beweis stellen, was sie in den theoretischen Übungsstunden gelernt haben

Die NS-Propaganda mobilisiert und idealisiert die „Heimatfront".

Von der Bevölkerung wurde ein „luftschutzmäßiges" Verhalten verlangt. Im Großen und Ganzen war natürlich der gesunde Menschenverstand gefragt. Von den staatlichen Behörden wurden praktische Tipps ausgegeben, die man in Abertausenden Broschüren in Umlauf brachte. Durch entsprechende Schulung sollte die Bevölkerung zu einer „Luftschutzgemeinschaft" zusammengeschweißt werden.

Die im Krieg entstandenen Druckwerke waren natürlich stark von der NS-Diktion gefärbt. Gerade auch in Zeiten, als die Bevölkerung massiv unter dem Druck der Luftattacken und fast vor einem Kollaps stand, wurde unbedingter Gehorsam gefordert. Bereits 1933, lange vor Beginn des modernen Luftkrieges, hatte Hermann Göring, der „Reichsminister für Luftfahrt", markige Sprüche geklopft: *Ein Volk, das sich untätig und willenlos feindlicher Willkür preisgibt, hat seine Existenz verwirkt. Ein Volk aber, das den eisernen Willen zur Selbsterhaltung in sich trägt, wird auch den Gefahren aus der Luft erfolgreich trotzen* – NS-Propaganda, die sich in hohlen Phrasen und heroischem Pathos erschöpfte. Durchhaltewille und Standvermögen angesichts der Luftangriffe basierten in der Regel auf natürlichem Eigennutz und gesundem Egoismus der Betroffenen. Die Hilfeleistungen für Menschen in Not funktionierten, ohne dass der Staat zwingend eingriff.

Im Jargon der Soldaten wurde die Schutz suchende Bevölkerung, die sich in die Keller flüchtete, spöttisch als „Klappstuhlgeschwader" bezeichnet. Vornehmlich Frauen, Kinder und alten Personen, die sich stundenlang im Luftschutzkeller aufhalten mussten, brachten ihre Stockerln, Hocker und Sessel mit und harrten auf ihnen tapfer aus. Berichte über Leben und Tod in den vermeintlich sicheren Schutzräumen wurden schon viele niedergeschrieben. Darunter auch sehr tragische, wie jener von der erstarrten toten Frau, die ohne Kopf an einem Tisch sitzend vorgefunden wurde und beide Arme in die Höhe hielt. Dabei soll es sich um die Leiche einer Angestellten des Jockey-Clubs gehandelt haben. Ihr entstellter Leichnam konnte erst Tage später nach einem Luftangriff aus einem verschütteten Keller geborgen werden. Diese Szenerie und viele Details aus den „dunkelsten Tagen Wiens" hält der Zeitzeuge Robert Blauensteiner in seinem Erinnerungsbuch fest.

Immer noch tauchen große Mengen von „Volksgasmasken" auf. Sie lagen für die befürchteten Giftgasangriffe in Massen bereit.

Ein anderer Zeitzeuge, Jahrgang 1941, berichtet: ... *Ich habe noch deutliche Erinnerungen an Bombenabwürfe, in deren Gefolge unter anderem unser Nachbarhaus, Wien 15., Selzergasse 24, in Flammen aufging und in unserem Luftschutzkeller in Sekundenschnelle der Mörtel aus den Ziegelfugen stob. Junge Frauen, die sich wegen der russischen Besatzungssoldaten mit Asche ‚auf alt' hergerichtet hatten, schrien, verständlicherweise, hysterisch auf.*

In den Berichten der Zeitzeugen tauchen manchmal auch heitere Momente auf, so sollen „alte Mutterln" mit einem Polster um den Kopf gewickelt in einer Ecke beisammen gesessen sein, was die anwesenden Kinder sehr lustig fanden – eindrucksvolle Erinnerungsbilder, die uns von der Generation unserer Eltern und Großeltern übermittelt werden und die wir uns auch heute noch plastisch vorstellen können.

Im Luftschutz-Raumnetz Innere Stadt

In all den im Zweiten Weltkrieg bombardierten europäischen Städten, sei es in Polen, England, Frankreich, Italien, Deutschland oder Russland, wiesen die Luftschutzvorkehrungen, ihre Organisation und Umsetzung, viele Parallelen auf. Die unterirdische Infrastruktur einzelner Städte und ihr historisch gewachsenes Stadtgefüge bestimmten die Art und Weise der erforderlichen Maßnahmen. Nicht nur in Wien wurden die vorhandenen Tiefkeller, von denen viele schon im Mittelalter entstanden waren, in das Luftschutz-Programm einbezogen. Überall wurden ehemalige Weinkeller, Eiskeller, Katakomben und andere unterirdische Lokalitäten luftschutzmäßig adaptiert. Die dabei entstandenen Mauerdurchbrüche und Verbindungsgänge zu den Nachbargebäuden waren sinnvolle Schutzvorkehrungen im Falle einer Verschüttung des eigenen Hauskellers. Dass so ganze Häuserblocks oder Stadtviertel unterirdisch miteinander verbunden waren, machte bald Schule. Im historischen Zentrum Wiens, in der Innenstadt (Wien 1.),

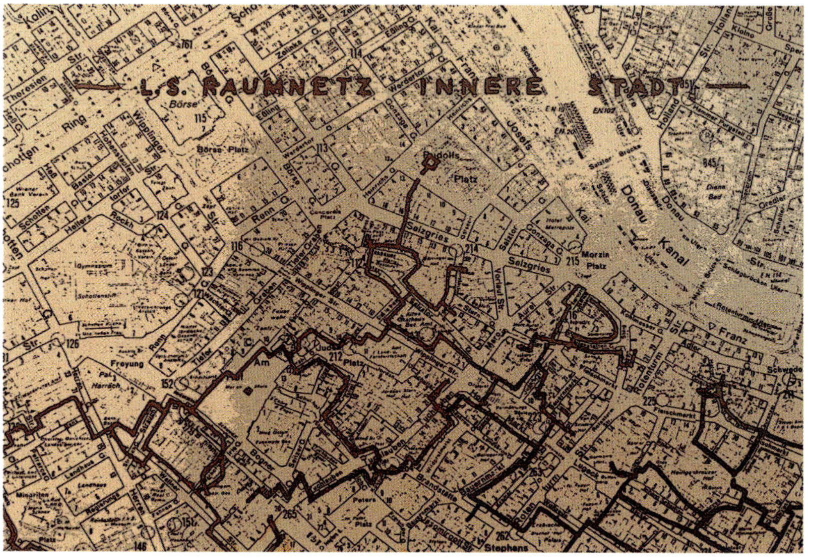

In der Innenstadt von Wien wurde ein weitreichendes Netz mit unterirdischen Verbindungsgängen und Luftschutzräumen eingerichtet. Zeitgenössischer Plan.

entstand so das „Luftschutz-Raumnetz Innere Stadt". Es existieren Detailpläne in der Kartographischen Sammlung des Wiener Stadt- und Landesarchivs im Gasometer, auf denen die vielen unterirdischen Verbindungsgänge und auch die Hauptstränge verzeichnet sind. Scheinbar kreuz und quer führen die Gänge, von Haus zu Haus und unter den Straßen weiter zu den Nachbarhäusern und weiter zu den trümmerfreien Parkflächen, auf denen sich die Hauptausstiege bzw. -einstiege befanden. Auf die Initiative so mancher Hausinhaber war zurückzuführen, dass das „Netz" auch unkontrolliert wuchs. Selbst die Baubehörden, die den Ausbau der Luftschutzanlagen eigentlich steuern sollten, verloren da manchmal den Überblick. Tatsache ist, dass sich während des Krieges die Bewohner Wiens dank der ausführlichen Orts- und Richtungsangaben über weite Distanzen unterirdisch fortbewegen konnten. Sogar mit anderen Bezirken gab es Verbindungen. Zeitzeugen erzählen mitunter jedoch die abenteuerlichsten Geschichten – bis nach Simmering, ja, darüber hinaus bis nach Schwechat hätten die Gänge geführt, vom Stephansplatz bis nach Schönbrunn. Viele dieser Geschichten gehören jedoch zweifellos ins Reich der Phantasie.

Bräunerstraße 5

Der Keller des Hauses Bräunerstraße 5, eines ehemaligen Adelspalais, wird durch das luftschutzmäßig angelegte, weitlaufende Verbindungsnetz direkt berührt. Im zweiten Keller des Hauses münden zwei lange gemauerte Gänge in den geräumigen Luftschutzraum. Der Keller unter dem Haus besteht aus einer großen Halle mit mehreren gemauerten Pfeilern. Die Decke wird von Bögen überspannt. Hier dürfte sichein zentraler Luftschutzraum befunden haben, der eine große Aufnahme-

Vereinzelt sind noch Objekte und Einrichtungen verblieben, die an den Bombenkrieg erinnern. Teilweise werden die Gänge heute für die Leitungen der Fernwärme genutzt.

Im Keller des Hauses Bräunerstraße 5 sind die alten Notaborte stehen geblieben.

Bei unseren Expeditionen in den tiefen Kellern der Stadt entdecken wir immer wieder Notizen und Graffiti.

Seite 51: Aufschriften, Zeichnungen und Hinweise sind bis heute erhalten geblieben. Menschen, die während der Bombenangriffe in den Kellergängen Schutz suchten, hinterließen hier ihre Spuren.

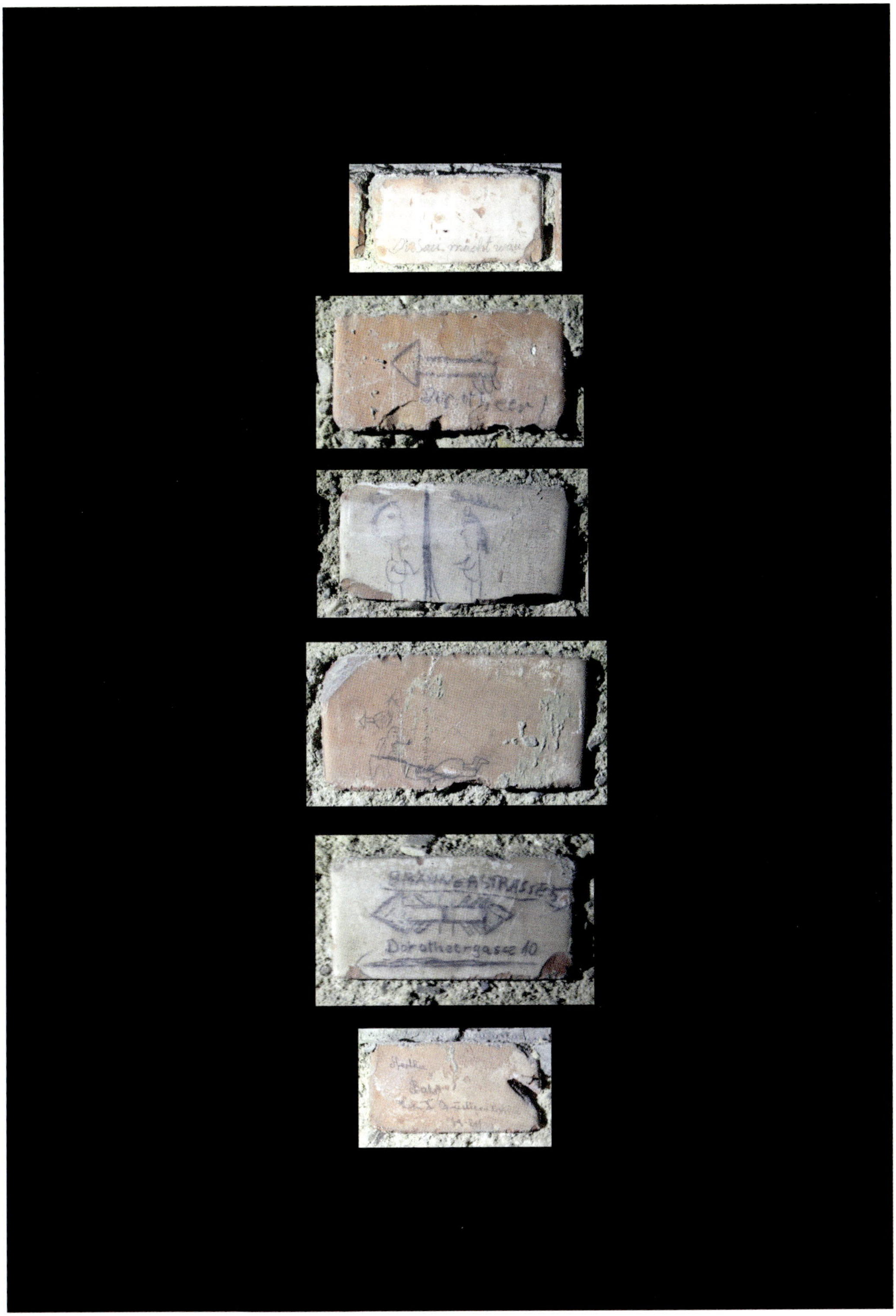
Dorotheergasse 10

kapazität besaß: Im Falle eines Luftangriffs konnten hier mehr als hundert Personen Schutz finden.
Wir finden allerletzte Relikte, die an die Zeit des Ausharrens während der Luftangriffe 1944/45 erinnern: Kartontafeln mit dem Hinweis „Ruhe, Rauchen Verboten"; an den Wänden hängen weitere Fragmente von Hinweis- und Richtungsanordnungen. Reste von Elektroleitungen mit Porzellanhalterungen sind ein weiteres Indiz für die Adaptierung des Kellers als Luftschutzraum. Hinter einer Nische, die durch einen eisernen Rollbalken zu verschließen war, liegt Schutt. Hinter einer eisernen Tür läuft eine steinerne Wendeltreppe in die obere Etage. In einigen Nischen des Kellers stehen noch mehrere Trockenaborte der damaligen Zeit. Diese sind handschriftlich nummeriert und tragen die Kennung „LSA" für „Luftschutzabort".
Die beiden erwähnten gemauerten Verbindungsgänge, die in bzw. von dem Keller des Hauses in die Nachbarschaft führen, sind heute noch auf eine beachtliche Länge zu passieren. Der eine Gang hat ein ziemliches Gefälle. Vor dem Ein- bzw. Abgang sind an der Ziegelmauer nicht mehr zu entziffernde Notizen angebracht. In einem weiteren Gang finden wir neben und hinter einem Wasserrohr der „Fernwärme" einige Graffiti. Banale Kritzeleien mit Namen, Adressen und Sprüchen („Die Sau macht wau"). Der mit Bleistift auf einen Ziegel geschriebene und mit Pfeilen versehene Hinweis „Dorotheergasse" sollte damals wohl allen ortsunkundigen Personen weiterhelfen, die in diesem unterirdischen Labyrinth Schutz suchten. Beide Gänge enden heute bei einer Abmauerung.
Wieder zurück im großen Sammelschutzraum unter dem Haus Bräunerstraße 5. Eine oberflächliche Untersuchung des Bauschuttes hinter dem verrosteten Rollbalken bringt ein paar Funde: Fragmente einer Nachkriegszeitung, die von „Chruschtschows Besuch in Wien 1964" erzählt, einen Merkzettel der „Wiener Gebietskrankenkasse" und ein Kuvert der Polizeidirektion. Der gesamte Keller wird fotografiert, dokumentiert und vermessen. Beim Verlassen des Kellers findet man an der Wand des Stiegenhauses eine Inschrift, die mit dem Datum „1944" versehen ist.
Nach dem Krieg wurden viele Gänge zugemauert. Interessant ist, dass in den 1970er Jahren im Zuge der Verlegung der „Fernwärme"-Leitungen einige der alten Verbindungsgänge in den Streckenverlauf integriert wurden. Im Jahre 1967 war mit dem Bau des Wiener AKH die Fernwärme aus der Taufe gehoben worden. Das bis zu 160 °C heiße Wasser fließt in einer Ringleitung um Wien und erhält entlang dieser Leitung an vielen Stellen eine Einspeisung.
Auch wir stiegen in so manche Keller ein, in denen wir die dicken Rohre der Fernwärme verfolgen konnten. Sie laufen, so weit es praktisch ist, durch die alten Gänge, biegen aber dann ab und bahnen sich in weiterer Folge ihren eigenen Weg durch die Wiener Unterwelt.

Ein Bunker wird zum Szenelokal

Am Rande des großen Augartens in der Leopoldstadt im zweiten Wiener Gemeindebezirk, an der Mauer der Oberen Augartenstraße 1 a, befindet sich ein charmanter Restaurationsbetrieb mit dem Namen „Bunkerei". Im Sommer sitzen die Gäste im schattigen Gastgarten; Jogger und Erholung suchende Familien machen hier gerne eine längere Pause. Im Inneren des Lokals werden des Öfteren musikalische und kulturelle Veranstaltungen geboten. Der Betreiber Dietmar Schneider hat mit der Adaptierung und Transformation dieses ehemaligen Luftschutzbunkers ein ambitioniertes Experiment gestartet: Ein vergessenes Gebäude aus dem Krieg soll neu genutzt werden. Der Umbau und die erfolgreiche Vermarktung dieser Gast- und Veranstaltungsstätte erforderten ein großes Maß an Eigeninitiative. Die Trockenlegung der alten Betondecke und auch die Neugestaltung des Innenraums waren zu bewerkstelligen. Die während des Krieges gebauten einzelnen Kammern wurden entfernt; von der alten baulichen Bunkersubstanz sind heute noch die Wände der Gasschleusen und die originalen Bunkertüren der Firma „Viktor Otte & Co. Stahlbau Wien XIV." verblieben. Die grauen Betonwände vermitteln noch ein bisschen Bunkeratmosphäre, die aber vom gastronomischen Flair angenehm übertüncht wird – der Betreiber und auch die Gäste der „Bunkerei" leben harmonisch mit diesem Erbe.

Ein bisschen Bunkeratmosphäre wird von den Gästen geschätzt: das In-Lokal „Bunkerei" im Augarten.

VIKTOR OTTE u. CO.
STAHLBAU WIEN XIV.

Der Bunker wurde im Jahre 1941 errichtet und entsprach den damals gängigen Bunkertypen, die wir auch in Wien mehrmals vorfinden können. Entworfen wurde der „bombensichere Schutzraum“ vom Wiener Bauamt, das sich natürlich an die Anordnungen aus Berlin hielt. Der Bunker war mit Aborten, zwei Gasschleusen, zwei Maschinenräumen und Aufenthaltsräumen ausgestattet. Für die Schutzraumbelüfter waren gegen mögliche Gasangriffe Filter vorgesehen. Das Besondere an diesem Schutzbauwerk waren jedoch die erwähnten, mit Betten ausgestatteten kleinen Räume. Insgesamt sollte die Anlage 240 „Liegestätten“ in 38 Kammern für je 6 Personen beherbergen, wie einem Plan zu entnehmen ist. Nach dem Krieg diente dieses Bauwerk als Lagerraum für Pflanzen der nebenan liegenden Gärtnerei, in der auch giftige Nachtschattengewächse gezüchtet wurden. Ob davon die Bezeichnung „Giftbunker“ stammt?

Eine der im Krieg eingesetzten Luftschutztüren. Die patentierte Tür sollte gas- und druckfest sein.

Der Geschützstand des Gefechtsturmes Arenbergpark

Die Unterscheidung zwischen „passivem“ und „aktivem“ Luftschutz ist schlüssig. Zum aktiven Luftschutz zählte die direkte Bekämpfung der gegnerischen Bomber, die in den Luftraum über dem „Reichsgebiet“ eindrangen. Gegen die amerikanischen Bomberflotten wurden einerseits Jagdflugzeuge losgeschickt, andererseits griffen Flakbatterien (Fliegerabwehrkanonen) aktiv in die Luftraumverteidigung ein. Es galt den Gegner hartnäckig und nachhaltig zu bekämpfen. Die Parole war: Aktiv am Kriegsgeschehen teilnehmen und den Feind überall bekämpfen. Unter dem Fachbegriff „aktiver Luftschutz“ erfüllten die in und um Wien positionierten stationären Flakbatterien diese ihnen zugedachte Rolle.

Die Flaktürme, die seit 1943 direkt in der Stadt errichtet worden waren, trugen auf ihren oberen Plattformen Feuerleitgeräte und die Kanonen, die effektiv ins Kampfgeschehen einzugreifen hatten. Auf den Feuerleittürmen war die „Feuerleitung“ untergebracht, die mit den benachbarten Geschütztürmen „kommunizierte“. Auf der oberen Plattform der Geschütztürme standen nun die Flakgeschütze, welche die erforderlichen Schusswerte schon voradjustiert erhielten. Die Wiener Flakbatterien verfügten zuletzt über die seinerzeit leistungsstärksten Geschütze (Kaliber 12,8 cm, Zwillingsflak), die auf deutscher Seite auf dem „Markt“ waren. Heute existieren in Wien noch alle sechs Flaktürme, ihre Kriegs- und Nachkriegsgeschichte ist gut dokumentiert.

Wir richteten diesmal bei unserer Spurensuche den Fokus auf die basteiartigen großen Geschützstände des ehemaligen Flakturmes im Arenbergpark. Diese große Wehranlage war der Standort der „1./184 gemischten Turmflakbatterie“. An den Zugängen zu den vier Geschützständen sind noch die verblassten Abkürzungen „A“, „B“, „C“ und „D“

Erst Gefechtsbatterie
versehrte!
Schießgruppe:
Schußzahl:
4. STIEGE
AUF DEN STIEGEN
NICHT STEHEN BLEIBEN!
Nur Mutter u. Kind
2·STOCK
NOT
AUSGANG

Die vier Geschützstellungen aus der Sicht der Luftbildkamera. Beim sehr schwierigen Flug mit einem Zugdrachen gelingen abenteuerliche Perspektiven

Seite 56. Die vielen Ordnungs- und Hinweisaufschriften im Inneren des Geschützturmes zeugen von der ehemaligen Nutzung dieses Betonriesen.

Tausende Personen drängten sich in den Schutzräumen. Reste der Abortanlagen im Sanitärbereich.

zu sehen. Die während des Krieges hier stehenden Kanonen trugen nach dem damaligen Reglement die Namen „Anton", „Berta", „Caesar" und „Dora". Gegen die angreifenden Bomberflotten schossen die Zwillingsgeschütze im Salventakt ihre Flakgranaten ab, die eine Höhe von rund 11 Kilometern erreichten. Tritt man heute in diese betonierte Batteriestellung, in die „Arena des Todes" ein, dann fällt der Blick auf die vielen rundherum überdeckten Nischen (Kavernen), in denen einst griffbereit die Granaten deponiert waren. Hier sind bis heute noch die Nummerierungen für das Bedienungspersonal („K1", „K2" usw.) abzulesen, das von hier aus die Sprenggranaten an die Geschütze reichte. Bei einem Gefecht drehten sich die Kanonen, die mittig standen und stets gegen den Feind gerichtet waren. Jeder „Arbeitsschritt" – Richten, Zureichen, Laden, Feuern – war exakt geregelt; anhand der sichtbaren Spuren kann man die Abläufe eines Kampfeinsatzes hier oben noch gut nachvollziehen. Die mit weißer Farbe auf den Beton aufgetragenen Ordnungszahlen sind heute zwar etwas verwittert, aber noch immer zu sehen. Die Abkürzung „GF" steht für „Geschützführer". Es waren damals 16–17-jährige Burschen, die zum Kriegsdienst als Luftwaffenhelfer an den Geschützen einberufen wurden. Ebenso wurden zu den Flakbatterien auch „hilfswillige" kriegsgefangene Russen eingezogen, die im Jargon der NS-Sprache „Hiwis" genannt wurden und gleichsam als „Legionäre" im Gefecht standen.

Wir inspizierten alle vier Geschützstände und machten weitere Entdeckungen: So sind noch immer die Schächte der Kettenaufzüge vorhanden, in denen die Granaten maschinell von den unterhalb der Geschütze liegenden Munitionsräumen nach oben befördert wurden. Für die leeren, abgefeuerten Kartuschen waren Abwurfschächte vorhanden, die jedoch heute verschlossen sind.
Von der Bewehrung der Abschluss-Betondecke hängen Kalk-Versinterungen und unterstreichen die Aura der Vergänglichkeit, die den Besucher an diesem nun sehr stillen Ort umfängt. Man spürt etwas vom „Ungeist" der NS-Architektur, der sich in den Flaktürmen besonders eindringlich manifestiert. In der NS-Architektur ist ja nicht nur ein Hang zum Gigantismus zu bemerken, sondern es haftet ihr auch ein steinerner Totenkult an, der in der NS-Ideologie „Programm" war. Die von den Nationalsozialisten errichteten Bauwerke entfalten so eine „gespenstische" Wirkung, die Flaktürme gleichen bombastischen Totenburgen, die vom „Sieg" und dem vielfach beschworenen „Opfergang" des NS-Staates berichten sollen. Vergleicht man die Form der Flaktürme mit den geplanten Memorial-Bauwerken des Architekten Wilhelm Kreis (1873–1955), die nach dem „Endsieg" in Warschau, bei Narvik, am Olymp, am Dnjepr und in Nordafrika entstehen sollten, dann erkennt man klare Parallelen. Die gigantischen, pathetisch überhöhten Bauwerke sind jedoch keine alleinige Erfindung der Nationalsozialisten. In den 1930er und 1940er Jahren ist in vielen Ländern der

Der „Treffer" auf der oberen Plattform des Geschützturmes, die mit Stahlbeton armiert war, konnte keinen größeren Schaden anrichten.

Kettenaufzug für die Flakgranaten im Geschützturm Arenbergpark.

In einer der vier runden Geschützstellungen, Standort der 12,8-cm-Zwillingsflak

Die Tür fehlt bereits: ein Abort.

Erde mit dem Neoklassizismus eine Architekturströmung zu beobachten, in der sich ein Hang zum Kolossalen, Wuchtigen offenbart. Zweifellos besitzen die Flaktürme jedoch eine besonders aggressive Note.
Anhand der Luftbildaufnahmen, aufgenommen in unmittelbarer Nähe des Turmes, kann man die Dimensionen und die Kompaktheit der basteiartigen Geschützstellungen sehr gut erkennen. Wie schon in unserem Band *Wien – Die Letzten Spuren des Krieges* präsentierten wir hier atemberaubende Bilder, die mit Flugdrachen und ferngesteuerten Kameras von Robert Bouchal entstanden sind. So konnten Aufnahmen entstehen, die den Turm aus einer sehr eindrucksvollen Vogelperspektive zeigen.
Um den ehemaligen Geschützturm ist es heute still geworden. Die Pläne des Architekten und ehemaligen MAK-Direktors Peter Noever, der dieses Bauwerk als Plattform zur Präsentation künstlerischer Ideen nützen wollte, sind inzwischen *ad acta* gelegt worden. Das visionäre Konzept, über den vier Geschützstellungen eine futuristisch illuminierte Überdachung zu kreieren, blieb vorerst in der Schublade der Planer. Ein umstrittenes „Zukunftsmodell" befindet sich im Inneren des Turmes. In einigen Etagen, die heute als Schau- und Depoträume des „Museums für Angewandte Kunst" (MAK) genutzt werden, sind moderne Kunstwerke gelagert. In anderen Stockwerken, die für die Besucher gesperrt sind, finden sich noch einige Reste der ursprünglichen Installationen. So sind im fünften Stock noch einzelne Teile der Kühl- und Heizungsmaschinerie erhalten.
Die Räume strahlen eine unglaublich strenge, geordnete und eiskalte Atmosphäre aus: WC-Zellen mit fehlenden Türen, Sanitärräume, in denen die Abdrücke der ehemals vorhandenen Pissoirmuscheln zu erkennen sind. Symbole, Schriften und Zeichen sind die Hinterlassenschaften der Personen, die sich hier freiwillig oder unfreiwillig aufgehalten haben.

Nächste Doppelseite: Der noch immer vorhandene Notausstieg im Luftschutzkeller des Mödlinger Unternehmens „Kleiner & Fleischmann".

III. Kapitel

Betriebe im „Dritten Reich“

Mödling im Krieg

Am 18. Oktober 1938 wurde Mödling wie rund 100 andere niederösterreichische Gemeinden nach „Groß-Wien“ eingemeindet. Mödling war während des Zweiten Weltkrieges siebzehnmal von amerikanischen Luftangriffen betroffen. 600 Bombeneinschläge wurden registriert. Gaben die Sirenen Alarm, so positionierte die Mödlinger Feuerwehr ihre Fahrzeuge an wechselnden Sammelplätzen. Gespannt standen die Männer der Löschzüge in Bereitschaft und erwarteten ihre Einsatzbefehle, die telefonisch oder mittels Kradmelder aus der Befehlsstelle in Kalksburg eintrafen. Der gesamte Fuhrpark war der Feuerschutzpolizei unterstellt, die in der NS-Zeit das Kommando führte. Viele kriegswirtschaftliche Betriebe stellten nebenbei eine eigene „Werkluftschutztruppe“ zusammen. Am 5. April 1945 wurde Mödling von den sowjetischen Truppen kampflos eingenommen; wie schon erwähnt, war es das Ziel der Sowjets gewesen, Wien in einer weiten Zangenbewegung einzuschließen.

Im Heimatmuseum Mödling am Josef-Deutsch-Platz sind einige Objekte aus der Kriegszeit ausgestellt: so etwa eine „Luftschutz-Raumordnung“, eine „Volksgasmaske“ und einige Abzeichen des „Winterhilfswerks“(WHW). Bemerkenswert ist ein klobiges Paar Stiefel, angefertigt aus Resten von Maiskolbenblättern – eine findige Notlösung, die dafür sorgte, dass der vor einem Luftschutzkeller Wache stehende Soldat kei-

Der Mödlinger Hauptplatz im Hakenkreuzschmuck.

ne kalten Füße bekam. Das Heimatmuseum zeigt auch eine Dokumentation über die Ermordung der Mödlinger Juden und die Zerstörung ihrer Synagogen.

Vom Fleischmann-Häferl zum Mödlinger Rüstungsbetrieb

Nur mehr einige wenige blecherne Emailtöpfe im Heimatmuseum erinnern an die in Mödling beheimatete Firma „Kleiner & Fleischmann“. Bei unseren Feldforschungen nahmen wir direkten Kontakt zu den heutigen Besitzern auf und öffneten dabei ein „Fenster“, das uns einen Blick weit in die Geschichte zurück erlauben sollte. Aus dem Industrieareal in der Mödlinger Gentzgasse 40, wo sich heute viele unterschiedliche Unternehmen einquartiert haben, sieht man schon von weitem inmitten der Hallen und Gebäude einen alten Ziegel-Schornstein in den Himmel ragen. Die neben dem Einfahrtstor angebrachten alten und dementsprechend verwitterten Tafeln „Kleiner & Fleischmann“ führen in die richtige Richtung. Hier befindet sich der Standort eines Traditionsbetriebes, dessen Ursprünge bis in die Monarchie zurückreichen.

Gegründet wurde diese Metallwarenfabrik 1867 von dem aus Regensburg stammenden Ferdinand Fleischmann (1828–1916) und dem Möd-

Pumpen halten den ehemaligen Luftschutzkeller von Grundwasser frei.

linger Spengler Josef Kleiner. Der findige Geschäftsmann Fleischmann entwickelte ein neuartiges Verfahren zur Herstellung des Blechgeschirres, das er in Wien im Emaillierwerk des bekannten Chemikers Adolf Pleischl (1787–1867) emaillieren ließ. Pleischl war zu diesem Zeitpunkt allerdings schon tot, das Werk in der Alser Straße, später in der Zieglergasse, wurde von seinem Sohn weitergeführt.
Gemeinsam produzierte man so ein revolutionär leichtes und hygienisches Haushaltsgeschirr. Das gusseiserne und schwere Kochgeschirr gehörte der Vergangenheit an, die leichter zu reinigenden Häferln, Töpfe und Pfannen aus Mödling waren bei den Damen im Haushalt sowie in den Küchen der k. u. k. Gasthäuser bald sehr geschätzt. 1892 wurde das Werk in Wien aufgelassen und der komplette Produktionsprozess nach Mödling verlegt – der Betrieb florierte. Die technische Entwicklung ging rapid voran, da im Zuge der allgemeinen Industrialisierung die Dampf- durch Elektromaschinen ersetzt wurden. Zur Zeit der Hochblüte waren bei „Kleiner & Fleischmann" rund 700 Personen angestellt, produziert und zum Teil exportiert wurden Küchen- und Haushaltsgeräte, dazu zählten eben Töpfe und Kasserollen. Zu Fleischmanns Erfolgsprodukten zählte etwa auch seine patentierte verzinnte Milchtransportkanne, die sogenannte „Fleischmannkanne", die das bisher übliche Holzfass verdrängte. Während des Ersten Weltkrieges wurden hier für die k. u. k. Armee die Einheitsfeldflaschen (Modell 1917) gefertigt. Nach dem verlorenen Waffengang der „Mittelmächte" folgte die Inflation und wie so viele andere Unternehmen schlitterte auch diese Mödlinger Firma in eine schwere Krise. Der Export in die ehemaligen Kronländer fiel nun plötzlich weg. Viele, über Jahre hinweg beschäftigte Angestellte mussten gekündigt werden, die Gehälter der noch verbliebenen Belegschaft wurden gekürzt. Es kam zu einem solch großen Mangel an Aufträgen, dass zeitweise der Betrieb stillgelegt werden musste. Nach dem „Anschluss" im Jahre 1938 an das „Deutsche Reich" wurde jedoch alles anders: Fleischmann & Kleiner konnten relativ rasch in das Rüstungsprogramm der Nationalsozialisten eingebunden werden. Während des Zweiten Weltkrieges wurden in den Hallen Produktionsgüter für das Militär und Bestandteile für Panzerabwehrmunition hergestellt; neben Einheimischen wurden auch Fremd- und Zwangsarbeiter beschäftigt. Für die Aufrechterhaltung der Kriegsmaschinerie verlangten die neuen Machthaber laufend höhere Produktionszahlen.
Nach der Befreiung im April 1945 hielten die Sowjets von einer Demolierung bzw. dem Abtransport der Maschinen Abstand, da das Unternehmen prompt in das dringend notwendige Versorgungsprogramm der Siegermächte eingebunden wurde. Ein glücklicher Umstand, der den Fortbestand für die Zukunft sicherte. Die Herstellung von Haushaltsgeräten hielt an, bis Anfang der 1970er-Jahre die inzwischen über 100 Jahre alte Firma „Kleiner & Fleischmann" aufgelöst wurde, weil

Relikte aus dem Krieg am Firmengelände „Kleiner & Fleischmann" in Mödling: Zwei Ein-Mann-Bunker sind erhalten geblieben.

Hinweispfeile zum Abgang in den Luftschutzkeller.

Durch diesen heute unter Wasser stehenden Gang wurden einst die einzelnen Werkshallen mit Energie versorgt.

Impressionen: Bis heute stehen die Metallwannen mit dem Löschsand bereit.

Das Etikett des Herstellers an der Luftschutztür: „Filzamer Eisenbau, Wien“.

In einer anderen Welt: „vergessener“ Luftschutzkeller.

inzwischen schlicht und einfach der Werkstoff Plastik den Haushaltsmarkt erobert und das Blechgeschirr abgelöst hatte.
Auf dem Gelände der Firma haben inzwischen andere Unternehmen ihren Sitz; ein Teil der Anlage befindet sich bis heute im Familienbesitz. Wir erhielten die Genehmigung, uns dort genauer umzusehen.
In den Gassen des Werksareals stehen aus der Kriegszeit noch zwei Ein-Mann-Bunker; das Werksgelände hatte einen Keller, der als Luftschutzkeller verwendet wurde. Dieser heute sehr feuchte, muffige Luftschutzkeller befindet sich unter einer ehemaligen Maschinenhalle. Zwei Hinweispfeile am Ziegelbauwerk zeigen den Weg zur Treppe, die in die Tiefe führt. Im Inneren des Luftschutzkellers befinden sich mehrere Räume. Die Gänge sind mit verrosteten Stahltüren ausgestattet. Auf diesen sind Etiketten des Herstellers zu finden: „Filzamer Eisenbau, Wien". Teile der Kollektorenschächte stehen bereits unter Wasser. Eine verrostete Pumpe ist schon lange nicht mehr in Betrieb; eine neue Tauchpumpe schafft es gerade noch, das eindringende Wasser aus dem Keller zu pumpen. An einer schäbigen Wand sind SS-Runen und die Jahreszahlen 1918 und 1944 in den Verputz geritzt.

Chronik hinter staubbedecktem Vorhang

Der Besitzer selbst gewährt uns einen Blick auf die internen Bestände zur Firmengeschichte. Im Bürogebäude hängen die Urkunden und Auszeichnungen der Familie Fleischmann. Auf einem Kasten steht ein patentierter Kinderwagen des Unternehmensgründers. Vor einer Halle hängt ein sehr großes eisernes Rad, das von einer hier in Betrieb gewesenen Maschine stammen dürfte. In einem verschlossenen Teil eines Gebäudes werden uns Mustertöpfe der ehemaligen Topfwarenproduktion gezeigt. Hier liegen sie noch immer, verstaubt, jedoch

Eine wichtige Quelle: Das geschlossen erhaltene Firmenarchiv von „Kleiner & Fleischmann" ermöglicht einen Blick auf die Bürokratie der Kriegsjahre.

Preisliste der Produkte, die in Mödling hergestellt wurden.

EISEN- UND METALLWARENFABRIK

KLEINER & FLEISCHMANN

Wien-Mödling 1

AGER: WIEN I., GRABEN, SEILERGASSE 2 (MEZZANIN)

Ruf: MÖDLING Nummer 281

Ruf: Musterlager Wien R 27-0-94

EISLISTE

Ausgabe März 1939

aillierte Koch- und Wirtschaftsgeschirre

VERKAUFSBEDINGUNGEN:

Bis heute erhalten: Werbeschilder aus dem Betrieb.

War allseits beliebt: das emaillierte Kochgeschirr von „Kleiner & Fleischmann“.

unbenutzt und so gut wie nagelneu. Wir können uns einen kleinen Überblick über die von „Kleiner & Fleischmann“ hergestellten Produkte verschaffen. Fleischmann-Töpfe waren allseits sehr beliebt und es sei an dieser Stelle erwähnt, dass wir bei unseren Forschungstouren rund um Wien sehr oft den Küchentöpfen dieser Firma begegnet sind.

Die Helme des Werkluftschutzes. An der Innenseite sind die Namen der Träger vermerkt.

In einem benachbarten Gebäude stoßen wir auf die noch immer vorhandenen Helme des Werkluftschutzes. Die blau lackierten Helme mit dem Emblem des Luftschutzes sehen aus wie neu. In den Helmen sind die Namen der einstigen Träger vermerkt.

In einem weiteren Gebäude wird in einem Nebenraum ein besonderer „Schatz“ aufbewahrt. Hinter einem Vorhang, vor Staub geschützt, befindet sich die gesamte Chronik des Unternehmens. In Kartonschachteln, in Ordnern und zwischen verschnürten Packpapieren werden hier die Unterlagen zur Firmengeschichte gelagert. Selbst die NS-Zeit ist gut dokumentiert.

Mit Genehmigung können wir Einsicht nehmen. Aus der Fülle des Materials wollen wir hier einige Beispiele wiedergeben, sie sollen uns das Typische an der Bürokratie der NS-Zeit vor Augen führen.

Firmenbesitzer Alfred Fleischmann musste aufgrund des sogenannten „Reichsleistungsgesetzes“ Teile seines Fabrikareals „kriegswichtigen“ Unternehmen zur Verfügung stellen. Diverse Wehrmachtsstellen und verschiedene kriegswichtige Betriebe – wie die „Flugmotorenwerk Ostmark G.m.b.H., Wr. Neudorf“ – wollten sich hier Platz verschaffen. Der Firmenbesitzer bzw. die Firmenleitung korrespondierte und verhandel-

Werbeprospekt von „Kleiner & Fleischmann".

te mit den zuständigen Behörden, um die Schritte der Belegung einzuleiten bzw. abzuwenden. Eine enge Zusammenarbeit mit der „Rüstungsinspektion XVII des Reichsministers für Bewaffnung und Munition, Abt. T. B.", Wien 3., Pettenkofengasse 1, war nötig, um die „Feststellung für freizumachende Objekte" zu definieren.

Vor allem seit 1943 quartierten sich einige Betriebe auf dem Gelände ein, die Unterlagen zu den Begehungen, „Freimachungen" und „Einweisungen" füllen hier ganze Aktenordner.

Das Problem der „Einweisungen"

In einem Schreiben vom 14. August 1943 werden ganz bestimmte Gebäude auf dem Firmengelände angesprochen. Nach einer Besprechung, bei der neben anderen Stellen auch Vertreter des „Rüstungskommandos Wien", der „Reichsgruppe Industrie" und des „Werkluftschutzes" anwesend gewesen waren, wurde wie folgt festgelegt: *Die Firma Kleiner & Fleischmann hat Aufträge als Unterlieferer für Pressteile aus*

Blech, Lackierungen, Emaillierungen für die Firmen: Mann & Co., Cloester, Dr. Zelinka, Kapsch, Norma, Goerz etc. Außerdem ein Kriegsauflagenprogramm für Emailgeschirr für Bombenbeschädigte etc. Nach Besichtigung der einzelnen Betriebsobjekte wird festgestellt:
Objekt 1. Hauptgebäude: Hier ist Stanzerei, Spenglerei und Kleinstanzerei untergebracht. Nach Ansicht aller Anwesenden kann dieses Objekt mit Rücksicht auf die aufgestellten Maschinenauflagen nicht freigemacht werden.
Objekt II. Zinnhütte: In diesem Objekt sind große Öfen und Anlagen für Zinnverarbeitungen untergebracht. Diese Anlage wird für den Betrieb benötigt. Eine Freimachung ist nach einhelliger Ansicht aller Beteiligten nicht möglich.

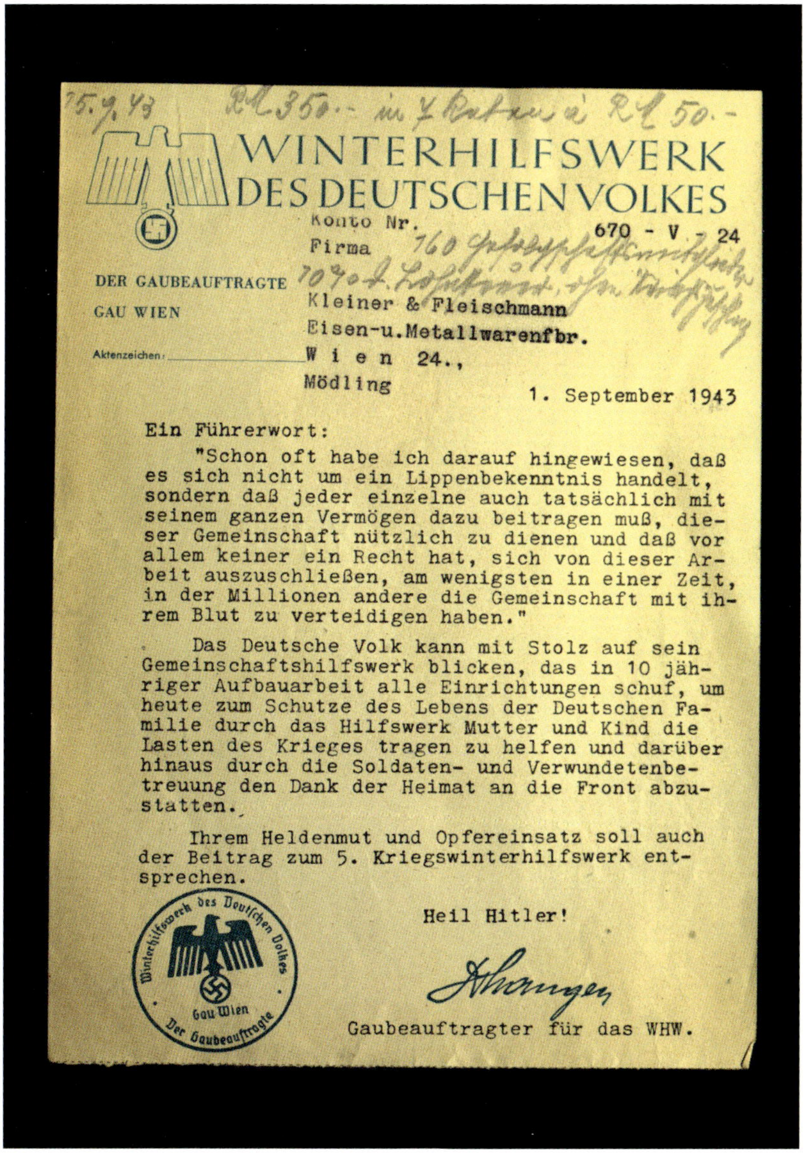

WINTERHILFSWERK DES DEUTSCHEN VOLKES

DER GAUBEAUFTRAGTE
GAU WIEN

Aktenzeichen: ____________

Konto Nr. 670 - V - 24
Firma
Kleiner & Fleischmann
Eisen-u.Metallwarenfbr.
Wien 24.,
Mödling

1. September 1943

Ein Führerwort:

"Schon oft habe ich darauf hingewiesen, daß es sich nicht um ein Lippenbekenntnis handelt, sondern daß jeder einzelne auch tatsächlich mit seinem ganzen Vermögen dazu beitragen muß, dieser Gemeinschaft nützlich zu dienen und daß vor allem keiner ein Recht hat, sich von dieser Arbeit auszuschließen, am wenigsten in einer Zeit, in der Millionen andere die Gemeinschaft mit ihrem Blut zu verteidigen haben."

Das Deutsche Volk kann mit Stolz auf sein Gemeinschaftshilfswerk blicken, das in 10 jähriger Aufbauarbeit alle Einrichtungen schuf, um heute zum Schutze des Lebens der Deutschen Familie durch das Hilfswerk Mutter und Kind die Lasten des Krieges tragen zu helfen und darüber hinaus durch die Soldaten- und Verwundetenbetreuung den Dank der Heimat an die Front abzustatten.

Ihrem Heldenmut und Opfereinsatz soll auch der Beitrag zum 5. Kriegswinterhilfswerk entsprechen.

Heil Hitler!

Winterhilfswerk des Deutschen Volkes Gau Wien Der Gaubeauftragte

Gaubeauftragter für das WHW.

Ein „Führerwort" legitimiert das Anliegen: Der „Gaubeauftragte" des „Winterhilfswerks des deutschen Volkes" bittet um eine Spende.

DAS KRIEGSWINTERHILFSWERK
DES DEUTSCHEN VOLKES
dankt
der Firma Kleiner & Fleischmann, Eisen- u. Metallwarenfbr.,
Wien 24., Mödling,
für die geleistete Spende in Höhe von
300.-- (Dreihundert) RM
Kriegswinterhilfswerk des Deutschen Volkes
Wien I,
Der Gaubeauftragte
den 21 Mai 1944
i. A.:

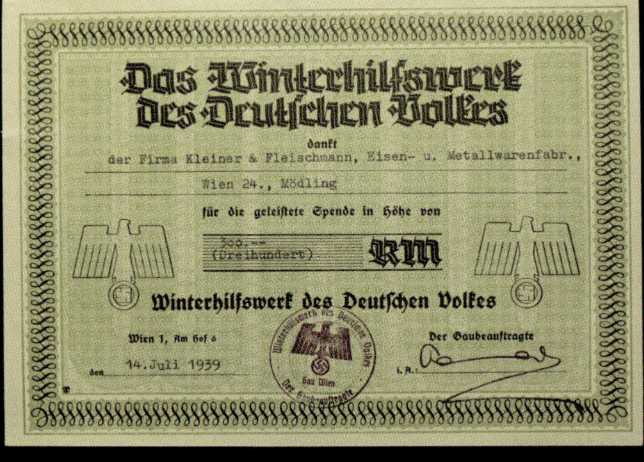
Das Winterhilfswerk
des Deutschen Volkes
dankt
der Firma Kleiner & Fleischmann, Eisen- u. Metallwarenfabr.,
Wien 24., Mödling
für die geleistete Spende in Höhe von
300.-- (Dreihundert) RM
Winterhilfswerk des Deutschen Volkes
Wien 1, Am Hof 6
Der Gaubeauftragte
den 14.Juli 1939
i. A.:

Für unsere Fabrik in Mödling und unser Musterlager Wien I.Seilergasse 2
Dem Winterhilfswerk
des deutschen Volkes
STELLE ICH EINE SPENDE
Dreihundertfünfzig RM
ZUR VERFÜGUNG
DEN BETRAG ÜBERWEISE ICH – EINMALIG – IN 7 RATEN
RM monatlich AUF DAS KONTO:
Kontenbezeichnung:
Der Gaubeauftragte für das Winterhilfswerk des Deutschen Volkes, Gau Wien
Postscheckkonto Wien 254000 – Creditanstalt-Wiener Bankverein, Wien
Bank der Deutschen Arbeit A.-G., Wien, Konto 630
Länderbank Wien Aktiengesellschaft, Konto 3717
Nichtzutreffendes streichen!
1940/1941
Ort und Tag
Unterschrift und Stempel

Objekt III. Emailhütte: Mit Rücksicht auf die Ofenanlage, die erforderlichen Trockenräume und die Heizungsanlagen ist dieses Objekt für das Kriegsauflagenprogramm unbedingt zu erhalten und kann nicht freigemacht werden.
Objekt IV. Ehemalige Kannenspenglerei: Dieses Objekt liegt neben dem Industriegeleise. Es ist derzeit nicht ausgenützt, für den Betrieb entbehrlich und kann freigemacht werden.

In der Kriegszeit hatten Betriebe die Verpflichtung, für das „Winterhilfswerk" zu spenden.

Einige Dokumente belegen das Interesse der „Wr. Neustädter Flugzeugwerke Ges. m.b.H., Wiener Neustadt, Wiener Straße 120" , die bei dem Mödlinger-Werk eingewiesen wurde, um hier eine Verlagerungsstelle einzurichten. Reg.-Baurat Scherzer von der „Rüstungskommission XVII" wünscht sich von den beiden Betriebsführungen, dass sich diese *gegenseitig ins Einvernehmen setzen, um Mietverträge auf die Dauer des Krieges und dessen Auswirkungen abzuschließen. … Einigen sich die beiden Firmen über die Höhe des Mietpreises nicht, so soll der Preisprüfkommissar entscheiden. Die Freimachung und Rückversetzung des Objektes in den früheren Stand nach Auflösung des Mietverhältnisses geht zu Lasten des Begünstigten. Im Streitfalle wird das Entschädigungsverfahren nach Reichleistungsgesetz, § 27, eingeleitet. Diese Einweisung bezieht sich auf das Objekt IV. ehemalige Kannenspenglerei.* Ebenso wird das „Flugmotorenwerk Ostmark G.m.b.H., Wr. Neudorf" bei der Firma Kleiner & Fleischmann eingewiesen, das dort Holzmodelle einlagern möchte. Die Firma erhebt dagegen Einspruch, da die Holzmodelle feuergefährlich seien.

Mit der Einweisung der Wiener Neustädter Flugzeugwerke in den „Gefolgschaftsraum" scheint es auch Probleme zu geben. Die Firma teilt der Rüstungskommission deshalb lakonisch mit ... *Der Raum muss unserer Gefolgschaft als Speissaal zur Verfügung stehen, da wir bei der stets steigenden Zahl unserer Küchenteilnehmer einen großen Speisesaal unbedingt benötigen. Falls Sie von der Beschlagnahme nicht absehen, wären wir gezwungen, den Küchenbetrieb einzustellen und hätten Sie die Folgen zu tragen. Heil Hitler.*

Verständigt wurde von der Firma auch die „Deutsche Arbeitsfront, Kreis V, Wien-Perchtoldsdorf, Beatrixgasse 4." Anhand der hier zitierten Belege kann man sich ein Bild machen, wie schwierig die Situation eines Betriebes war, der nicht nur unter dem Krieg litt, sondern auch von den Behörden bedrängt wurde.

Ständig wird etwa kontrolliert, ob die Firma im Hinblick auf Flugangriffe auch entsprechend ausgerüstet ist. So erreicht Alfred Fleischmann, der auch als „Werkluftschutzleiter" fungiert, am 23. Oktober 1944 ein Schreiben des „Polizeipräsidenten in Wien, als örtlicher Luftschutzleiter, Abschnittskommando VIII, Abt. Lu – 5416". In einer Liste sind Luftschutzeinrichtungen und Geräte aufgelistet, ihre Existenz soll bestätigt werden: *„1) Schutzraum mit oder ohne Gasschleuse 2., derzeitige Stand der Entgiftungskräfte (Einsatz und Bereitschaftskräfte, davon als Gasspürer ausgebildet. 3. Gasabwehrgeräte sind vorhanden: a) Heeresatmer, b) Gasmasken, c) Gasanzüge, komplett, d) Gasstiefel, einzelne Paare, e) Gashandschuhe, einzelne Paare, f) Gasspürkasten, g) Losantin (wie viele Päckchen), h) Chlorkalk in kg."*

Anhand dieser Anfrage ist es heute noch interessant zu sehen, wie rigoros und streng Betriebe von den NS-Behörden überwacht wurden. Eine umsichtige Vorbereitung auf mögliche Luftangriffe war jedoch auch im Sinne der Firmenleitungen.

Die Firma „Kleiner & Fleischmann“ reagierte prompt und arbeitete die Punkte in der Liste ab. Sie meldete:

Pkt 1) Luftschutzräume für 200 Personen mit Gasschleuse vorhanden. Pkt 2) Ein ausgebildeter Entgifter und Gasspürer vorhanden. Pkt 3) Ein Gasabwehrgerät ist vorhanden: 10 S-Masken, 87 VM-Masken, 2 komplette Gasanzüge, 160 Pakete Losantin, 440 kg Chlorkalk, 1 Gasspürkasten eigener Erzeugung.

Regelmäßig wurden Mitarbeiter der Firmen von der „Werkluftschutz-Bezirksstelle Wien der Kreisgruppe Industrie, Wien III/40, Schwarzenbergplatz 4 (Haus der Industrie)“ auch zu praktischen Luftschutzlehrgän-

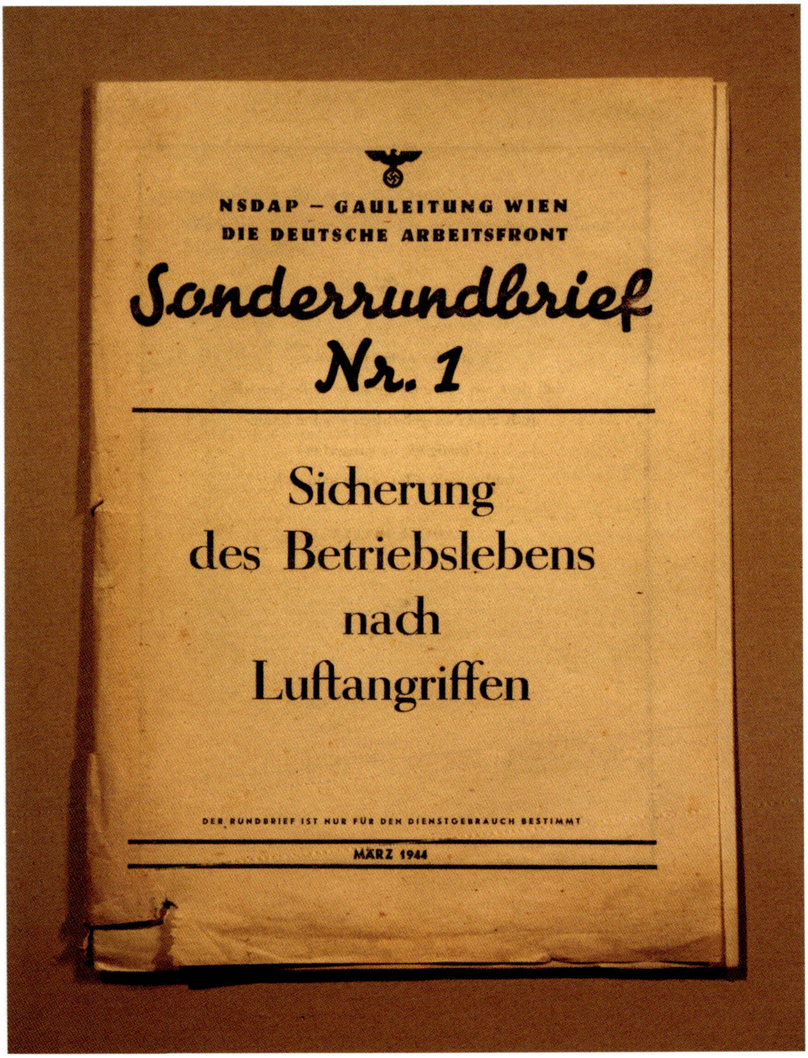

Wir entdecken in den Ordnern der Firmenchronik Behelfsmaterialien der „Gauleitung Wien“, betreffend die Vorsorge im Bombenkrieg.

gen einberufen. Hierbei sollten die neuesten Erfahrungen, die neuen Angriffstaktiken usw. besprochen werden. Am 29. November 1944 wurde z. B. ein Lehrgang über „Erkennen von Blindgängern, feindlicher Abwurfmunition und Meldewesen", in der Flak-Kaserne Küniglberg – an ihrer Stelle steht heute das ORF-Zentrum Küniglberg – abgehalten. In dem betreffenden Schreiben ist dazu weiters vermerkt: *Der Lehrgang findet in allen Fällen statt, also auch bei Luftlagen (Fliegeralarm), weil anlässlich von Feindtätigkeit die Teilnehmer sofort zur praktischen Einsatzarbeit verwendet werden.*

Die rigoros geforderte „Luftschutzbereitschaft" provozierte manch seltsames Verhalten. So erhielt die Firma „Kleiner & Fleischmann" eine *anonyme Anzeige, demnach der Betrieb durch seine angeblich leuchtend roten Dächer als besonders ins Auge fallendes Ziel für Feindflieger bezeichnet* werden müsse. Sofort wurde eine Überprüfung durchgeführt, die jedoch ergab, *dass die Dächer nicht leuchtend rot sind und dass der gesamte Gebäudekomplex dieses Betriebes sich nicht von der Umgebung abhebt. Die Dächer sind matt dunkelrot, genau wie das auf etwa 300 m befindliche Kloster St. Gabriel.*

Als die Bombenangriffe Mödling erfassten, gab es zuweilen auch ein Malheur bezüglich der Weiterleitung der entsprechenden Informationen. Ein benachbarter Betrieb, die „Schnellpressenfabrik Koenig & Bauer", verabsäumte es am 20. Oktober 1944, die Durchsage „Luftgefahr 15" an die Firma „Kleiner & Fleischmann" weiterzuleiten, und entschuldigte sich dafür – es hätte ein Missverständnis gegeben. Dadurch entstand eine sehr unangenehme Situation, wie folgendes Einschreiben der Firma an das „Polizei-Abschnitts-Kommando VIII, Wien-Kalksburg" belegt. Hier die ungekürzte Meldung: *Bei dem Voralarm, der kurz nach 13 Uhr Freitag den 20.10.44 gegeben wurde, haben wir unsere Gefolgschaft weisungsgemäß weiterarbeiten lassen, da mit einem Angriff nach der Luftlagemeldung nicht zu rechnen war. Wir haben allerdings einen schweren Stand mit unserer Gefolgschaft, da die F. O. Werke* (Flugmotorenwerke Ostmark, Anm. der Autoren) *aus dem Werk St. Gabriel nicht nur Mitglieder ihrer Gefolgschaft auslaufen lassen, sondern auch ihre Sträflinge in mehreren Autos an unserem Betrieb vorbei führt. Wir müssen Sie schon bitten, ein einheitliches Verhalten der Betriebe bei Fliegeralarm und Vorwarnung durchzusetzen, da es sonst für die Betriebe schwer ist, Ordnung und Disziplin unter ihrer Gefolgschaft zu erhalten. Wenn die Fertigung der F. O. Werke es gestattet, unbegrenzt und unnötig Arbeitsstunden ausfallen zu lassen, so wäre es vielleicht angebracht, aus diesem Betrieb Arbeitskräfte für vordringlichere Fertigungen abzugeben. Heil Hitler!*

Auch wenn der Unmut der Firmenleitung über die entstandene Konstellation verständlich ist – bemerkenswert ist, dass die offenbar von den Flugmotorenwerken beschäftigten Zwangsarbeiter hier gleich in „Sträflinge" umgewandelt werden; gleichzeitig kann man es nicht lassen, noch einen Seitenhieb anzubringen und mehr Arbeitskräfte für sich selbst zu monieren.

Nächste Doppelseite: Unter den „nostalgischen" Memorabilien aus der NS-Zeit sind auch Schallplatten: Der 1914 von Georg Fürst komponierte „Badenweiler Marsch" (Badonviller-Marsch) galt als Lieblingsmarsch Hitlers.

IV. Kapitel

Memorabilien, NS-Utensilien und Devotionalien in Privatsammlungen

N-VOLKSVERBAND
AUFNAHME
Nr. M 2051
nweiler Marsch
(Badonviller Marsch)
korps der Leibstandarte
des Führers
(Adolf-Hitler-Standarte)
Dirigent: Musikmeister
Müller-John
GOR-SCHALLPLATTEN
.M.B.H. BERLIN

Vom „Ariernachweis“ über die „RIF“-Seife zur Marschmusik-Schellack

Nicht nur in Archiven und Sammlungen werden Dokumente und Akten aus der NS-Zeit gehortet. Auch in den Schubladen der Eltern- und Großelterngeneration finden sich Erinnerungsstücke aus der „Hitler-Zeit“. Darunter sind nicht nur lieb und teuer gewordene Memorabilien wie Briefe und Familienfotos, die „Marker“ der persönlichen Lebensgeschichte bleiben, sondern auch amtliche Dokumente. Besitzt man solche heute „verteufelten“ Papiere, so sollte man sie nicht einfach wegwerfen, verbrennen oder zerreißen, denn amtliche Dokumente, egal aus welcher Zeit sie stammen, können Einfluss auf die Zukunft nehmen. NS-Dokumente können beispielsweise als Unterlage für Pensions- oder Erbschaftsansprüche vorgelegt werden.
Die sogenannten „Arbeitsbücher“, die seinerzeit für jeden Bediensteten ausgestellt worden waren, tragen die Hoheitsinsignien des „Dritten Reiches“. Das Hakenkreuz prangt auf den Stempeln, die auf die Einstellungs- und Entlassungspapiere der Wehrmacht gedruckt wurden.
Ebenso findet sich der obligatorische Reichsadler auf vielen abgestempelten und beglaubigten Geburts-, Tauf- oder Sterbeurkunden. Wenn man sich für die eigene Familiengeschichte interessiert, wäre es sträflich, sich dieser Memorabilien zu entledigen, nur weil sie von den damaligen Hoheitszeichen „verunziert“ werden. Verständlich ist aber auch, dass den NS-Dokumenten ein gewisser *Hautgout* anhaftet und man ihren Besitz nicht unbedingt an die große Glocke hängen möchte.
Während der NS-Zeit waren gerade Geburts-, Tauf- oder Sterbeurkunden für den sogenannten „Ariernachweis“ wichtig, der aufgrund der Rassenlehre der Nationalsozialisten doch eine entscheidende Rolle spielte. Für den Besitzer hatte der Befund seinerzeit eine erleichternde oder fatale Bedeutung – abhängig davon, ob man „Deutschblütig“, „Jude“, „Mischling 1. oder 2. Grades“ war. Für den Besitzer der „Urkunde“ war diese „Bewertung“ entscheidend, wenn nicht sogar lebenswichtig.

Zeit markiger Symbole: Selbst auf den Schaltknöpfen der Radios prangen Reichsadler und Hakenkreuz.

Auch die Briefmarken standen ganz im Zeichen der Propaganda für die NS-Ideologie.

Galt man in der „Volksgemeinschaft“ als „arisch“, hatte man beruflich und privat keine Hindernisse bzw. Probleme zu befürchten, bereits als „Mischling“ sah man sich bald mit dem unmenschlichen Ausleseverfahren der nationalsozialistischen Herrschaft konfrontiert.
In verstaubten Bücherregalen stehen vielfach noch immer Druckwerke der NS-Zeit. Gelegentlich befindet sich darunter der harmlose „Brockhaus“ aus dem Jahre 1940, vielleicht verstecken sich hier, im Bücherschrank unserer Eltern und Großeltern, aber auch noch Hitlers *Mein Kampf* und andere Machwerke der NS-Prominenz? In vergessenen Truhen sind möglicherweise auch noch Spielzeugsoldaten der Firma Elastolin oder die Anstecker der WHW (Winterhilfswerk)-Sammlungen zu finden. Vielleicht haben wir, die Verwandten oder der eine oder andere Nachbar beispielsweise noch den legendären „Volksempfänger“ oder andere technische Geräte der „Hitler- Zeit“ im Keller oder am Dachboden verpackt und diese aus Gründen der „Nostalgie“ aufbewahrt.

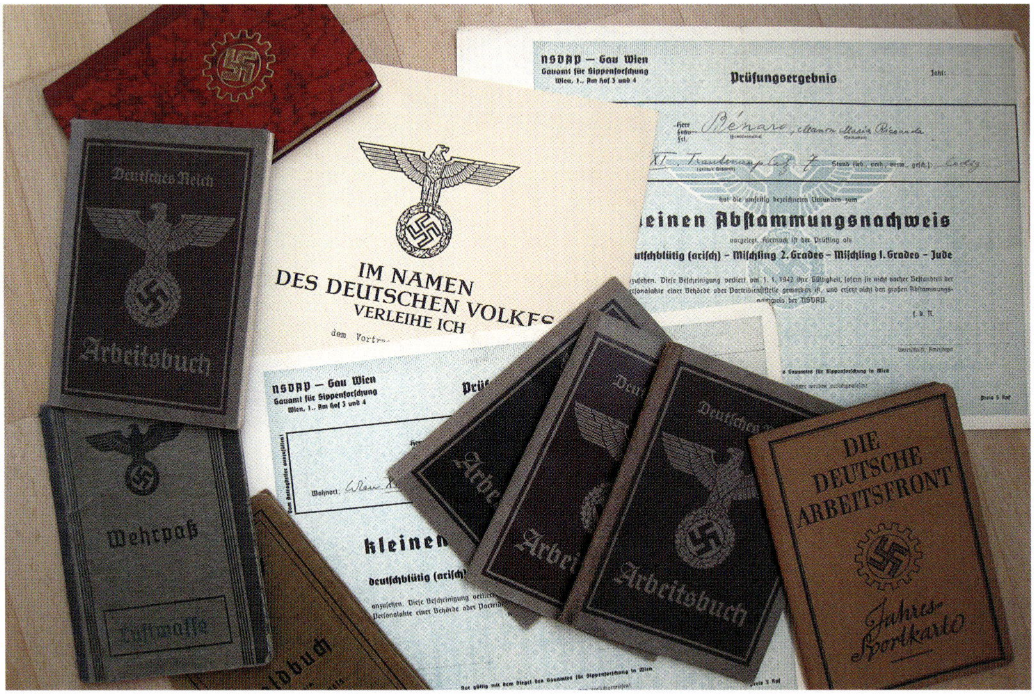

Personaldokumente der NS-Zeit. Mitunter sind die Vermerke in den Arbeitsbüchern auch für Pensionsansprüche und die Familienangaben auf den „Ariernachweisen" heute noch von Bedeutung.

Was man noch heute aus der damaligen Zeit finden kann, ist erstaunlich und verblüfft jedes Mal aufs Neue. Wir machten uns bei unseren Forschungsarbeiten auf die Suche nach solchen „stummen Zeugnissen" der Vergangenheit.

Bei einer Kellerräumung fiel uns die in Zeitungspapier eingewickelte „RIF"(Reichs-Industrie-Fabrikation)-Seife, die damals sehr kostbar war, in die Hände. Dieses Produkt roch ranzig. Ein Sammler, den wir besuchten, holte eine alte Schellack-Platte hervor, die mit dem „Badenweiler Marsch" bedruckt war. Beim Abspielen auf einem alten Grammophon kreischte und quietschte diese während der NS-Zeit wohl hundertfach gespielte Platte altersbedingt furchtbar.

Brisante Devotionalien

Im Spätsommer 2012 wurde vom „Mauthausen Komitee Österreich" eine Informationskampagne gestartet, die auf den „strafbaren Verkauf von nationalsozialistischen Devotionalien und NS-Schriften auf Flohmärkten" hinwies. Überfallsartig stürzte sich die Presse auf verunsicherte Flohmarkthändler, die seit jeher am Wiener Naschmarkt Antiquitäten, Altwaren und auch jede Menge Ramsch verkaufen. Mit den Händlern gerieten auch die Käufer ins Visier, die aus verschiedenen Motiven Interesse an „Militaria" aus der NS-Zeit zeigen. Ebenso aber auch unbescholtene Postkartensammler, Philatelisten und bibliophile Personen, die Druckschrif-

ten aus verschiedenen Epochen sammeln. Die Fahnder berufen sich auf die Rechtsgrundlage des gesetzlich verankerten „Abzeichengesetzes“ und auf das „Verbotsgesetz“, welches sich gegen verbotene Organisationen richtet. In der Aussendung wurde festgehalten: „Durch das Auflegen, Anbieten und/oder Verkaufen von NS-Devotionalien oder NS-Schriften wird demokratisches und menschenverachtendes Gedankengut nicht nur verbreitet, sondern als gesellschaftliche Normalität anerkannt.“ Die gut gemeinte Aktion zielte darauf ab, einen Schlag gegen die Neonazi-Szene zu landen, brachte dabei leider aber auch seriöse Sammler und Forscher, die sich wissenschaftlich mit NS-Utensilien beschäftigen, in Misskredit.

Kinderspielzeug: Abziehbild eines SS-Mannes.

Rund um die WHW-Abzeichen

Der verlorene Erste Weltkrieg, die Verpflichtungen aus dem Versailler Vertrag und die Inflation brachten Armut und Not mit sich, sodass neben der staatlichen Wohlfahrt auch Vereine und kirchliche Institutionen versuchten, Spendensammlungen durchzuführen, um in dringenden Fällen Hilfe leisten zu können. Ende des Jahres 1931 tauchte zum ersten Mal in Deutschland das Wort „Winterhilfswerk“ (WHW) auf. Wenige Monate nach der Machtübernahme Adolf Hitlers wurde am 13. September 1933 durch das Reichsministerium für Propaganda und Volksaufklärung das „Winterhilfswerk des deutschen Volkes“ gegründet. Die Durchführung wurde der „Nationalsozialistischen Volkswohlfahrt“ (NSV) übertragen. So begann der Ausbau des WHW zu einer Hilfsorganisation, die man seinerzeit als die „größte soziale Einrichtung, die es auf der Welt gibt“, bezeichnete. Nach der „Einverleibung“ Österreichs wurde die Organisation des WHW auch in unserem Land von den Nationalsozialisten kontrolliert.

Den gut organisierten Straßensammlungen, die jedes Jahr stattfanden, konnten sich die Passanten kaum entziehen. Oft zogen vielfach auch Angehörige der „Hitlerjugend“ (HJ) mit ihren Sammelbüchsen von Haus zu Haus und von Tür zu Tür, um Spenden entgegenzunehmen. Manchmal konnten auch beliebte Schauspieler oder Kulturschaffende für die

Bild oben: Die Sammler von militärischen Orden und Medaillen sollten das „Abzeichengesetz“ beachten.

Der Führer
1933
1934
1935
1936
1937
1938
macht Geschichte

Sammelbüchsen für die „Gausammlungen“.

Linke Seite: Beliebte Sammlerstücke. Belege des „Winterhilfswerks“: Zwischen harmlosen Objekten (Märchenmotiven, Trachtenmodellen, Tieren aus dem Dorfteich) ist auch NS-Propaganda zu finden (Motive aus dem Leben des „Führers“, germanische Runen).

Sammelaktionen gewonnen werden. Die kleinen roten Sammelbüchsen – sie wurden noch Jahre nach dem Krieg für karitative Zwecke verwendet – waren überall zu sehen. Die Spender der „Reichsstraßensammlungen“ erhielten verschiedene kleine Abzeichen, die man sich großteils anstecken konnte. Mehrere themenbezogene Abzeichen, jeweils an bestimmten Tagen ausgegeben, bildeten eine komplette Serie.
Bei unseren vielen „archäologischen“ Grabungen fanden wir immer wieder WHW-Abzeichen, die einst millionenfach im Umlauf waren. (Siehe Band 1)
Nach dem 6. Winterhilfswerk 1938/39 gab es 1939/40 das 1. „Kriegswinterhilfswerk“ (KWHW). Neben den militärischen Abzeichen (Kriegsgerät) und propagandistisch gefärbten Emblemen (germanische Schilde u. dgl.) kamen auch harmlose unpolitische Serien in Umlauf (Märchenfiguren, Weihnachtsmotive, Tiere, Blumen u. a.). Das im Keller der ehemaligen Bierbrauerei Schwechat gefundene Abzeichen stammte aus der Serie „Verkehrszeichen“.
Die beträchtlichen Einnahmen der vielen WHW-Aktionen summierten sich, ebenso die Erträge aus Spenden von Firmen und Organisationen, für die Urkunden ausgestellt wurden. Eine lukrative Einnahmequelle waren auch die Geldbeträge, die aus Lohn- und Gehaltsabzügen stammten.

Nächste Doppelseite: In einem Keller am Kriemhildplatz beginnt eine weitere Spurensicherung. Der erste Eindruck: eine Rumpelkammer.

SALBE
ZAHN
PASTA

V. Kapitel

Momente einer Grabung

Spurensicherung am Kriemhildplatz

Bei den Häusern rund um den Kriemhildplatz im 15. Bezirk spürt man noch etwas vom Flair der Vergangenheit. Hier befindet sich das Zentrum des „Nibelungenviertels", welches einst einen geschlossenen Baucharakter besaß, zu bemerken noch an den protzigen Sichtfassaden. Die schmucken Stiegenhäuser, in denen die Zeit stehen geblieben scheint, strahlen Eleganz aus; die Keller sind trist und gleichen den gängigen Kellern, die in vielen Wiener Bezirken anzutreffen sind. Dennoch stießen wir bei einer unserer unzähligen Kellerinspektionen auf einen Keller, der eine Art „Zeitkapsel" darstellte. Wir entdeckten hier das vergessene Lager eines ehemaligen chemisch-technischen Kosmetik-Laboratoriums. Anscheinend hatte sich niemand weiter für das „alte Zeug" der Firma „Erwin Huber" interessiert. Wir finden Papiertüten mit Haarfärbemitteln. In Schachteln stecken noch originalverpackte Phiolen mit verschiedenen kosmetischen Ingredienzien.

Auf den Schachteln eines Insektenbekämpfungsmittels lesen wir: *H10. Tötet alle Insekten (Feuergefährlich). Wird am wirksamsten durch Zersträuben gegen Ungeziefer und Insekten angewandt. Tötet alle Insekten samt Brut. Fliegen, Motten, Wanzen, Schaben, Gelsen, Ameisen usw.! Gegen Bettwanzen in Möbeln, Mauerritzen empfiehlt sich das Verstreichen in allen Fugen.* Beim Lesen dieser Zeilen kribbelt es uns am Kopf und es beginnt uns am Rücken zu jucken.

Am Boden verstreut liegen Papierschleifen des „Kriemhild-Badesalzes" und Packungen vom bekannten *Eau de Cologne* „4711". In mit Hanfschnüren zusammengebundenen Packpapieren sind hunderte kleine diverse Produkt-Papiersäcke vorsortiert. In einer Ecke gestapelt befinden sich abgelegte Rechnungs- und Registraturbücher. Hier finden wir einige Bunsenbrenner und weitere technische Gerätschaften, die vom Personal des Laboratoriums zurückgelassen worden sind.

Zwischen Werbeprospekten tauchten auch Zeitschriften aus der NS-Zeit auf, so die Illustrierte *NS-Frauenwarte*. Die Attraktion dieser periodisch erscheinenden Zeitschrift, die meist kurzweilige Geschichten und Romane für einen hauptsächlich weiblichen Leserkreis abdruckte, waren wohl die beigefügten Schnittmusterbögen. Beim aufmerksamen Durchblättern der knisternden Seiten bemerkt man, dass in den Heften auch politische Artikel Platz gefunden haben.

Eine Rarität, die inmitten der Berge von Zeitungen auftaucht, sind drei Ausgaben der Kriegs-Zeitschrift *Adler* in französischer Sprache, herausgegeben in Berlin. Vom etwas angestaubten Titelblatt des Heftes aus dem Jahre 1942 lachen dem Betrachter zwei Soldaten entgegen. Nach dem „Blitzsieg" der Deutschen gegen Frankreich 1940 hat das Oberkommando der Wehrmacht diese Propagandazeitschrift auch in französischer Sprache drucken lassen.

Wie so oft bei den von uns durchgeführten Keller-Untersuchungen sind

Im Zuge unserer Untersuchung mussten wir die Spreu vom Weizen trennen. Auf der Suche nach Zeugnissen aus der NS-Zeit entdeckten wir auch diverse Zeitschriften.

In vielen Kellern verrotten stumme Zeugen aus verschiedenen Zeitepochen.

Einst ein schmuckes Firmenschild.

Verpackungskartons für Insekten-vernichtungsmittel.

die Funde Momentaufnahmen eines historischen Augenblicks, der im Licht unserer Stirnlampen plötzlich wieder lebendig wird. Wir sind jedes Mal gleichsam einem rückwärtslaufenden Sekundenzeiger ausgeliefert, der zufällig bei irgendeiner Jahreszahl stehenbleibt und dort einfriert. Ja, wir fühlen uns wie in der „Zeitmaschine" von H. G. Wells, die uns willkürlich irgendwo in der Vergangenheit absetzt – immer wieder sind wir gespannt auf die Funde und Überraschungen, die uns erwarten ...

Requiem in Kaltenleutgeben

Die von der Sonne gebleichten Blöcke des still gelegten Industriebetriebes in Kaltenleutgeben faszinieren jeden Betrachter. Der markante, wuchtige Silo und die teils filigranen Bauelemente, die sich zwischen den bewaldeten Hügeln auftürmen, erinnern an die Kulisse eines Science-Fiction-Films. Als wir im Jahre 2012 erstmals diese Anlage aufsuchten, sahen wir uns einer völlig verlassenen Industrieruine gegenüber.
Mit ziemlicher Sicherheit hatte das Zementwerk in der Zeit des Zweiten Weltkrieges als wertvoller Baustofflieferant gedient und so die Kriegswirtschaft unterstützt. Wirkliche Zeitzeugen trafen wir aber leider nur mehr einen einzigen, der es aber vorzog zu schweigen – er wollte über die Kriegsjahre einfach nicht mehr sprechen.
Nach einer Untersuchung mussten wir feststellen, dass in den Gebäuderuinen keine Hinweise über die Zeit des Krieges zu finden waren – weiter nicht verwunderlich, denn dieser gewaltige Betrieb wurde bis weit nach dem Jahre 1945 permanent bewirtschaftet, dadurch unterlag er ständiger Erneuerung und Modernisierung. Inzwischen ist das seit

Faszinierende Industrieruine: Das still gelegte Zementwerk in Kaltenleutgeben.

Bald wird von der Industrieruine nichts mehr vorhanden sein: Die mächtigen Betonmauern müssen einer Wohnhausanlage weichen.

langer Zeit leer stehende Werk an vielen Stellen mit bunten Graffiti bemalt worden.

Der absolute Sensationsfund gelingt uns jedoch nach einer Inspektion der Randgebiete des Werkareals. In einem bewaldeten Hang ist in der steilen Felswand eine Öffnung zu erkennen. Diese Öffnung bildet den Zugang zu einem in den Fels gebauten Luftschutzstollen. Der Zustand des Stollens, bezogen auf die Reste des Inventars und die Ausstattung, war bei unserem ersten Besuch als gut zu bezeichnen. Dies änderte sich jedoch von Mal zu Mal, wie wir bei unseren weiteren Besuchen feststellen konnten. Wir bemühten uns, unsere Forschungsarbeiten schnellstens durchzuführen, da sich der morbide Reiz des Ortes herumsprach und das Zementwerk zu einem der beliebten *Lost Places* wurde. Ein Ansturm von allerlei Abenteurern und der damit oft einhergehende Vandalismus waren die Folge.

Der „Stollen" hinter dem Zementwerk

Im Frühjahr 2012 kletterten wir erstmals in den über eine Geröllhalde zu erreichenden Stolleneingang hinauf. Nach dem mit einer Betonmauer abgegrenzten Eingang, der als Splitterschutz diente, gelangt man in den Eingangsraum, in dem sich der Stollen in zwei Richtungen teilt. Der rechte Gang verläuft nun in nordwestlicher Richtung. Nach wenigen Metern gelangt man zu einer Abzweigung, die nach einer weiteren Linkskurve zu einem Gangende und rechts davon zu einem vermutlich bereits verschlossenen weiteren Ausgang führt. Offensichtlich ein Notausgang, der aber zum Zeitpunkt unseres Besuches nicht mehr zu befahren war. Der zweite Hauptstollen führt vom Eingang weg in südwestlicher Richtung.

Beide Hauptstollen waren mit einer Belüftungsanlage versehen. Die Luftumwälzpumpen sind nicht mehr vorhanden, bei beiden Gängen lassen sich jedoch noch die Montagehalterungen für den Belüftungsmotor erkennen. Weiters das im Boden eingebettete Eisenrohr, das in beiden Stollen bis an die hinterste Stelle verlegt wurde. Diese Rohre sind zum Teil verrostet, jedoch noch deutlich zu erkennen. Eingebrachte Frischluft wurde an beiden Enden des Ganges wieder zum Austritt gebracht – eine Methode, die gewährleistete, dass die Wetterführung bei Betrieb der Lüftungsmotoren immer von innen in Richtung Haupteingang gelenkt wurde. Beide Hauptgänge sind an ihren tagfernsten Punkten mit einer Ziegelmauer versehen. Der Spanndraht, welcher an

Bei den Vermessungsarbeiten im Stollen hinter dem Zementwerk.

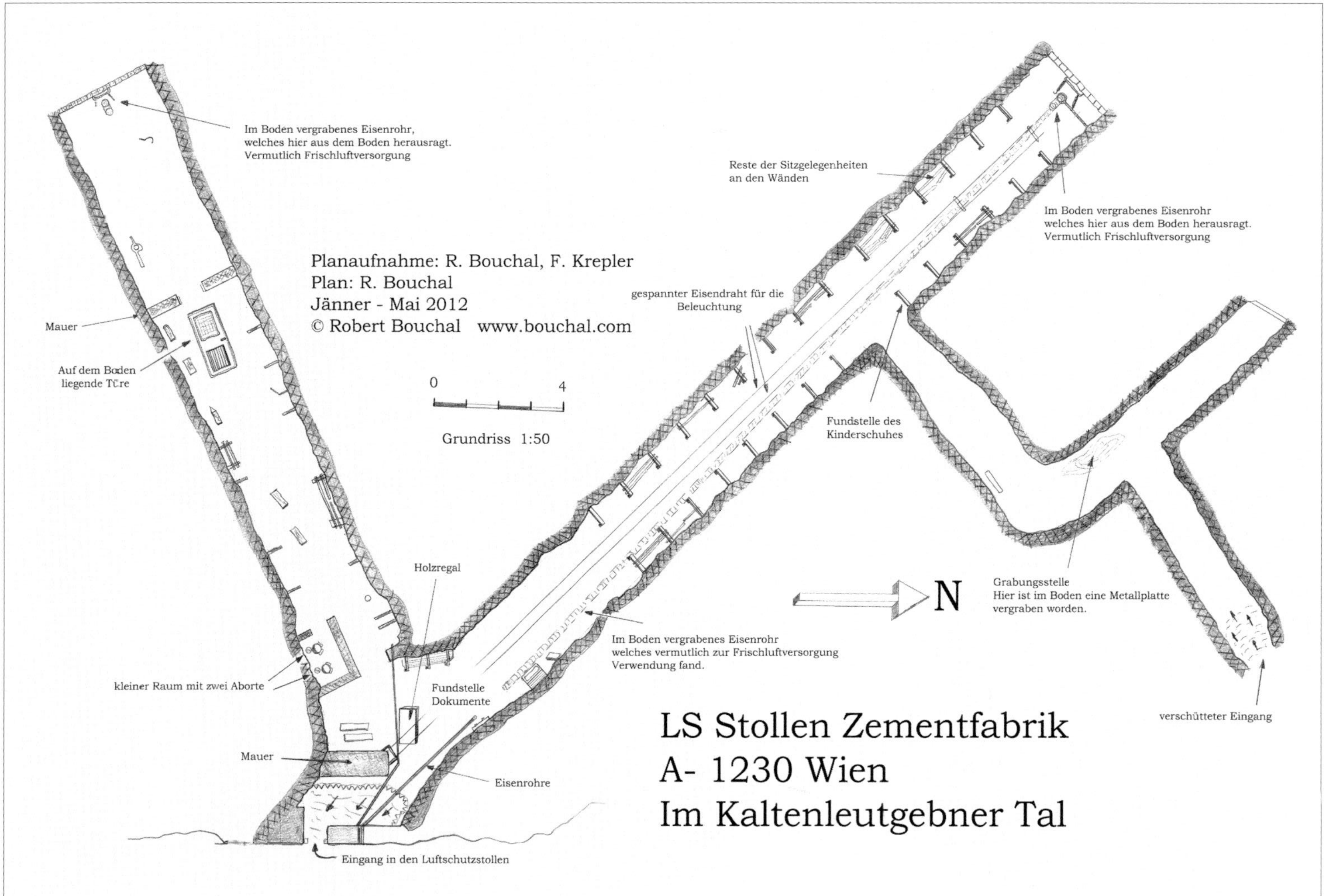
LS Stollen Zementfabrik
A- 1230 Wien
Im Kaltenleutgebner Tal
Planaufnahme: R. Bouchal, F. Krepler
Plan: R. Bouchal
Jänner - Mai 2012
© Robert Bouchal www.bouchal.com
0
4
Grundriss 1:50
N
Im Boden vergrabenes Eisenrohr, welches hier aus dem Boden herausragt. Vermutlich Frischluftversorgung
Reste der Sitzgelegenheiten an den Wänden
Im Boden vergrabenes Eisenrohr welches hier aus dem Boden herausragt. Vermutlich Frischluftversorgung
gespannter Eisendraht für die Beleuchtung
Mauer
Auf dem Boden liegende Türe
Fundstelle des Kinderschuhes
Holzregal
Grabungsstelle Hier ist im Boden eine Metallplatte vergraben worden.
Im Boden vergrabenes Eisenrohr welches vermutlich zur Frischluftversorgung Verwendung fand.
kleiner Raum mit zwei Aborte
Fundstelle Dokumente
verschütteter Eingang
Mauer
Eisenrohre
Eingang in den Luftschutzstollen

der Decke zum Teil noch zu sehen ist, weist darauf hin, dass die Stollen mit elektrischem Licht ausgestattet waren. An den Wänden ragen in Kniehöhe Eisenprofile heraus. Diese waren teilweise mit Holzbrettern überdeckt. Sie bildeten die Sitzflächen, auf denen die Schutzsuchenden während der Luftangriffe saßen.
Bei genauerer Untersuchung des Stollenbodens entdecken wir einige Hinterlassenschaften, welche die Insassen im Dunkel der Anlage zurückgelassen haben. Neben unzähligen Konservenbüchsen bergen wir zerbrochenes Geschirr, bei einer der Wegkreuzungen finden wir einen vom Bodenschutt verdeckten Kinderschuh. Weitere Fundgegenstände sind: eine leere Geldbörse, kleine Fläschchen aus Glas ohne Inhalt, Knöpfe, Reste von Zeitungen, ein Topf aus Aluminiumblech.
Einer der Stollen besitzt einen gemauerten Raum, in dem sich zwei Trockenaborte befinden. Auch diese untersuchen wir. Aus dem völlig ausgetrockneten Inhalt bergen wir Dokumente aus der NS-Zeit, welche hier vermutlich zur Entsorgung hineingeworfen wurden, in der Hoffnung, dass sie hier verrotten.
Der Stollen, der die Toiletten beherbergt, wird in seinem hinteren Bereich durch eine mit einer Tür versehene Abmauerung geteilt. Die Holztür besitzt ein mit Eisenstäben versehenes Fenster; herausgerissen und zerbrochen liegt sie vor der Trennwand auf dem Boden. Warum und zu welchem Zweck man hier den Stollen geteilt hat, wissen wir nicht. Eine Nutzung des abgeteilten Bereiches als Sanitätsstation oder Befehlsraum wäre vorstellbar; vielleicht war es aber auch nur ein Lagerraum für Wasser und überlebensnotwendige Nahrungsmittel.
Im Eingangsbereich konnten wir unter dem Geröll der Bodensedimente dutzende „Befehle" der „Luftschutzrettungsstelle" bergen – markig heißt es da etwa: „Befehl des Werkluftschutzleiters an Sanitäter", „Befehl des Werkluftschutzleiters an Melder, Beobachter, Werksicher-

Geborgen aus dem Luftschutzstollen in Kaltenleutgeben: Hinweispfeile und Warnschilder.

Im Schutt des Stollenbodens liegt ein Kinderschuh.

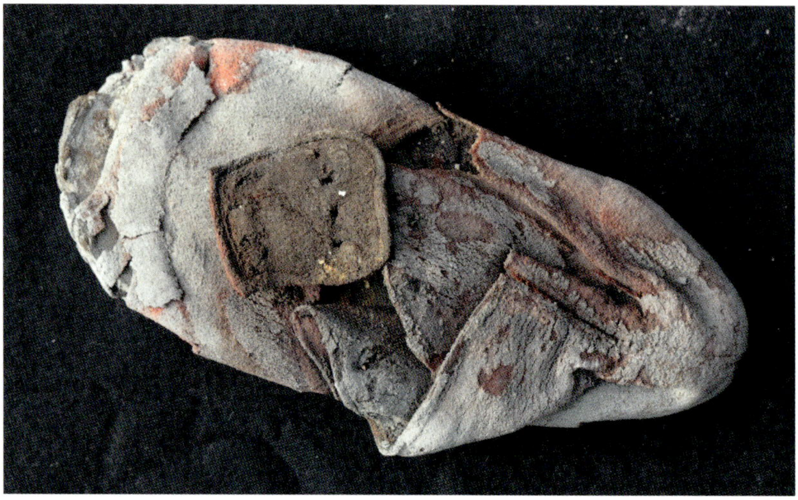

Im Eingangsbereich entdeckt: Weisungen des Werkluftschutzleiters an die Einsatzkräfte.

Aus einem der Aborte geborgenes Fragment.

heitsdienst", „Befehl des Werkluftschutzleiters an Feuerwehr, Brandwache", „Befehl des Werkluftschutzleiters an Wiederherstellungstrupp".
Im Stollen verteilt finden wir auch Holzbretter, die an einer Seite zugespitzt sind. Sie haben das Erscheinungsbild eines Hinweispfeiles und sind hier an mehreren Stellen des Bodens zu finden. Schemenhaft sind darauf mit Farbe gemalte Buchstaben zu erkennen.
Nach Reinigung der zum Teil verwitterten Holzbretter kamen sie wieder deutlicher zum Vorschein: „Akti(ve) Gefolgsch(aft)", „Wiederherst(ellung)", „Achtung Blindgänger", „Achtung Lebensgefahr", „Achtung Zeitzünder", „Rettungsstelle", „Schadensstelle" usw. Offensichtlich kennzeichnete man nach einem Bombenangriff mit diesen Tafeln die gefährlichen Bereiche.
Im Zuge unserer archäologischen Untersuchung machen wir zur Freude aller Höhlenforscher auch eine zoologische Entdeckung. Hier gibt es Fledermäuse! Der Stollen wird von der Kleinen Hufeisennase *(Rhinolophus hipposideros)* als Hangplatz benutzt!
Bei einer erneuten Befahrung des Luftschutzstollens rund zwei Monate nach Abschluss unserer Forschung mussten wir feststellen, dass unbekannte Personen das Innere des Stollens devastiert hatten.

LS-Unterstand für Bahnarbeiter

Im Dickicht verborgen entdecken wir im Tal von Kaltenleutgeben noch andere Bauwerke, die dem Luftschutz zuzuordnen sind. In einer vom Baumbewuchs geschützten Hangzone hinter den Gleisanlagen des Verschiebebahnhofes befindet sich der betonierte Unterstand der Bahnbediensteten. Bei Fliegeralarm liefen die Arbeiter in diesen Schutzraum. Hinter einer dicken Eisentür liegt ein kleinerer Vorraum, der mit einer interessanten Wandaufschrift versehen ist: Ein markierter Pfeil

„VERGIFTETE KLEIDER ABWERFEN". Der bis heute noch erhaltene Hinweis im Vorraum des Unterstandes.

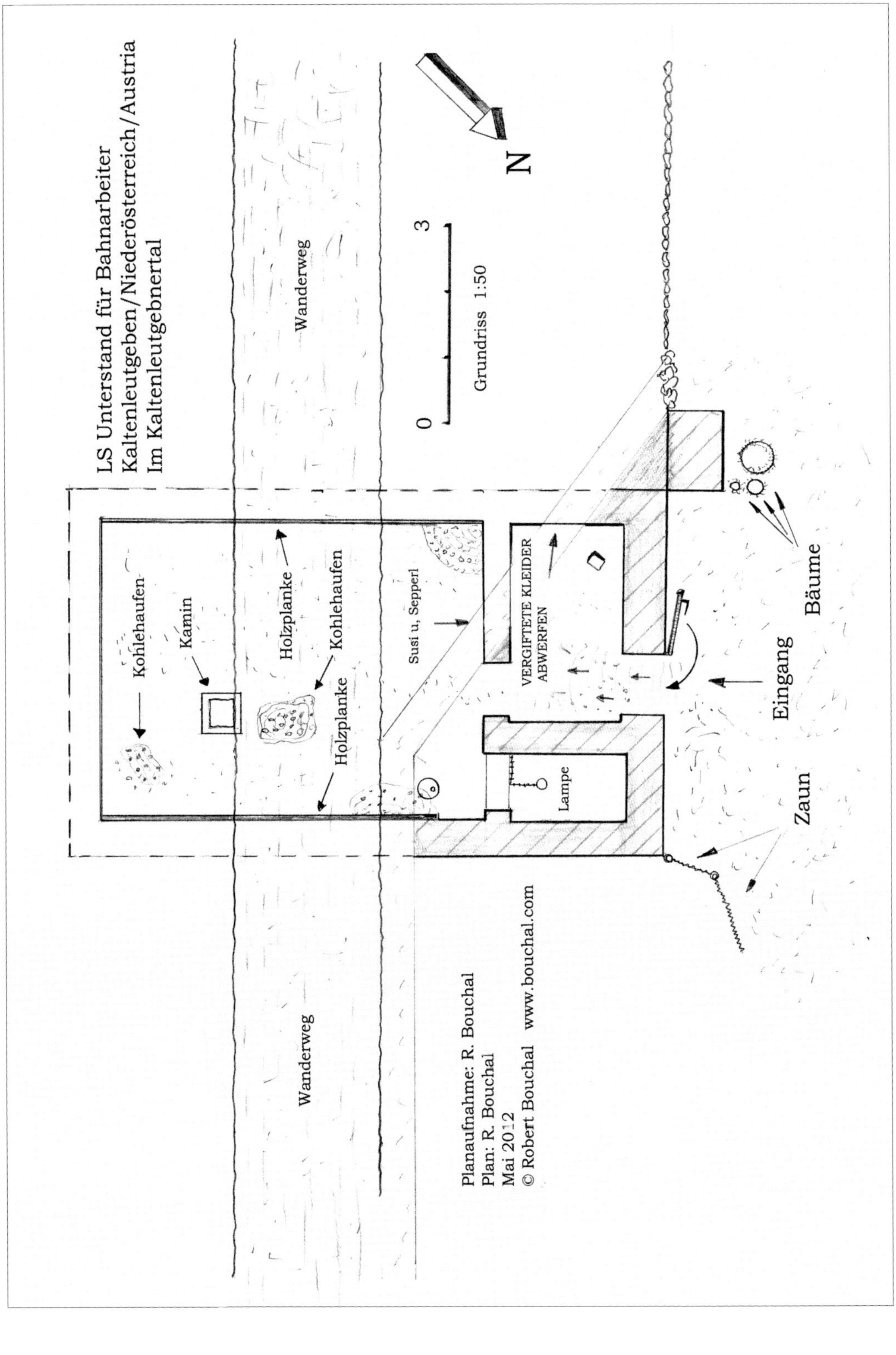

LS Unterstand für Bahnarbeiter
Kaltenleutgeben/Niederösterreich/Austria
Im Kaltenleutgebnertal
Wanderweg
N
0
3
Grundriss 1:50
Kohlehaufen
Kamin
Holzplanke
Kohlehaufen
Holzplanke
Susi u, Sepperl
VERGIFTETE KLEIDER
ABWERFEN
Lampe
Eingang
Bäume
Zaun
Wanderweg
Planaufnahme: R. Bouchal
Plan: R. Bouchal
Mai 2012
© Robert Bouchal www.bouchal.com

Eingang in den LS-Unterstand für Bahnarbeiter.

fordert auf: „VERGIFTETE KLEIDER ABWERFEN". Im Falle eines Giftgasangriffs sollte also verseuchte Kleidung hier abgestreift werden, man wollte damit verhindern, dass tödliche Kampfstoffe in den eigentlichen Schutzraum gelangten. Nach den schlimmen Erfahrungen im Ersten Weltkrieg mit Gelbkreuz-, Grünkreuz- und Blaukreuzgasen wollte man diesmal gegen solche Attacken gewappnet sein.

Die Bergung eines Kriegsreliktes

Der ehemalige „Feuerleitturm", seinerzeit Standort der „2. schweren Flakabteilung 184", der mit dem benachbarten „Geschützturm" in der Stiftskaserne während des Zweiten Weltkrieges aktiv in der Luftraumverteidigung Wiens genutzt wurde, beherbergt heute das „Haus des Meeres – Aqua Terra Zoo".
Im oberen Stockwerk und auf der Plattform waren damals die Feuerleitgeräte – unter anderem das legendäre Radargerät „Würzburg-Riese" mit der Tarnbezeichnung „Funkmessgerät FuSE 65" und mehrere Entfernungsmessgeräte – positioniert. Nach dem Krieg wurden die militärtechnischen Anlagen des Turmes abgebaut; seit 1957 wird die friedliche Neunutzung der ehemaligen Betonfestung forciert. In den Etagen, in denen sich während der Bombenangriffe die Schutz suchende Bevölkerung aufhielt, können heute Besucher und Besucherinnen in das Reich der Fauna und Flora eintauchen. Die Adaptierung dieses monumentalen grauen Kriegsbauwerkes zu einem modernen „Erlebniszoo" ist gut gelungen. An die Geschichte des Hauses erinnert eine Flakturm-Ausstellung „Erinnern im Innern", gestaltet von Marcello La Speranza. Einige originale Hinweis- und Ordnungsaufschriften aus der NS-Zeit sind aus konservatorischen Gründen im Nebentreppenhaus belassen worden.

Um den weltweit letzten Flakturmkran vor der Verschrottung zu retten, verrichtete das Bergungsteam die nötigen Stemmarbeiten. Die Sicherstellung dieses einmaligen Zeugnisses der Technikgeschichte war uns ein wichtiges Anliegen.

Der alte Flakturmkran wird vorsichtig vom Turm gehievt und nächtens auf einen Schwertransporter verladen.

Ein heikles Unterfangen: der Abschluss wochenlanger Bemühungen, den historischen Flakturmkran für die Nachwelt zu erhalten.

In den Sommermonaten 2012 durchlebte das „Haus des Meeres – Aqua Terra Zoo“ im Esterházypark in seinen obersten Regionen eine Metamorphose. Auf der oberen Plattform des ehemaligen Feuerleitturmes wird ein neuer Bereich mit weiteren Besucherräumen und einem zusätzlichen Aquarium geschaffen. Im Vorfeld zu diesem Umbau wurde in wochenlangen Schneidearbeiten durch eine Betonschneidefirma eine beträchtliche Betonsubstanz in Blöcke zerschnitten. Mit Industriediamanten besetzte Sägen, unterstützt durch wassergekühlte Schneidemaschinen, schnitten den Beton in einzelne Teile. Jeder dieser Betonblöcke wog an die 1,5–1,8 Tonnen.

Es musste Platz für den Aufbau der neuen Dachlandschaft geschaffen werden und aufgrund dieser völligen Neugestaltung musste auch der hier oben seit fast 70 Jahren stationierte Feuerleitturmkran weichen, ein Kriegsrelikt, das vermutlich einst von der Firma „Waagner Biro A. G.“ speziell für diesen Flakturm und seine besonderen Gegebenheiten gebaut worden ist. Seine Funktion bestand darin, die schweren technischen Geräte auf die obere Plattform zu heben. Der Bedienungsraum für die elektrische Steuerung befand sich am Ende der Ablegenische des Kranarmes.

Per Handkurbel konnte dieser Kran in einer Horizontalbewegung geschwenkt werden. Dazu griff ein Zahnrad in einen auf dem Boden verankerten Zahnkranz ein. Das Gegengewicht des Auslegers bestand aus fünf Betonplatten. Das Objekt selbst hatte ein geschätztes Gesamtgewicht von rund 6 Tonnen.

Nach Rücksprache von Seiten des „Hauses des Meeres" mit Institutionen, die sich um diese historische Hebeanlage annehmen sollten, stellte sich heraus, dass niemand diesen Kran und die damit verbundenen Kosten für seine Demontage und Bergung übernehmen wollte – immerhin handelte es sich hierbei um den letzten Feuerleitturmkran der Welt, der in dieser Form noch existierte! Dieses Relikt aus Eisen und Beton sollte zerschnitten und an einen Eisenhändler zur Verschrottung weitergeleitet werden.
Robert Bouchal und Wolfgang Frühwirth machten es sich zur Aufgabe, diesen stummen Zeugen des Krieges der Nachwelt zu bewahren: Marcello La Speranza vermittelte den Kontakt zum „Haus des Meeres". Um diesen Kran aus Eisen und Beton von der obersten Ebene des Feuerleitturmes herunterheben zu können, musste er zuerst einmal an Größe und Gewicht verlieren. Dieser Kran war an seiner Basis – dem sich drehenden Teil – mit einem Betongewicht von 3,5 Tonnen ausgestattet, das als Gegengewicht diente.
Robert Bouchal und Wolfgang Frühwirth stemmten in neun Tagen mit Bohrhämmern diesen Beton aus dem Eisenrahmen heraus, zerteilten mit Trennscheiben die Verbindungsbolzen und reduzierten dadurch das Gesamtgewicht des Kranes um einige Tonnen. Stundenweise wurden sie unterstützt von Alfred Bucik, Felix Krepler und Gerald Perzi.
Es wurde eine Gesamtbreitenreduktion von 1,5 Metern durchgeführt; als Nächstes wurde der Auslegearm bei 11 Metern abgetrennt. In diesem Zustand konnte der Kran vom Feuerleitturm untergehoben werden. Das schwerste Element war der Drehteil des Kranes mit einem Gewicht von etwa drei Tonnen.
Für den Transport dieser außergewöhnlichen Hebeanlage konnte die Firma „Gruschina Schwertransporte und Kranverleih" aus Wien-Altmannsdorf gewonnen werden. Am Samstag, dem 13. Oktober 2012, um 0.30 Uhr, standen Robert Bouchal und Wolfgang Frühwirth bei strömendem Regen beim Feuerleitturm bereit. Firmenchef Dieter Gruschina, den wir zuvor in das Projekt eingeweiht hatten, hob nun mit seinem Team mittels eines Spezialkranes diesen letzten „Kriegszeugen" auf einen Tieflader und sicherte ihn für den Transport mit schweren Ketten.
In dieser Nacht fuhr der Konvoi mit dem Kran durch die fast menschenleere Stadt, um ihn zu seinem vorläufigen Aufbewahrungsort zu bringen. Wir hegen die Hoffnung, dass dieses Kriegsrelikt dazu beiträgt, das Interesse nachfolgender Generationen für diesen dramatischen Abschnitt österreichischer Geschichte zu wecken.

VI. Kapitel

Fahrzeuge der Kriegsmaschinerie

Verrosteter MAN-Autobus am Nordwestbahngelände

In den Museen finden sich Fahrzeuge aus der NS-Ära meist im restaurierten Zustand. Es ist anzunehmen, dass in privaten Garagen weitere, uns derzeit noch nicht bekannte Fahrzeuge abgestellt sind. Bei unseren Streifzügen waren wir auf der Suche nach solch historischen Fahrzeugen und eines Tages hatten wir wieder einmal Glück: Auf dem Nordwestbahngelände stießen wir auf einen MAN-Autobus aus der Kriegszeit. Das Typenschild unter der Motorhaube unterrichtete uns über die genauen Eckdaten: „Baujahr 1940“, Produktionsstätte „Werk Nürnberg“. Die Abkürzung „MAN“ steht für „Maschinenfabrik Augsburg-Nürnberg“ – ein deutsches Traditionsunternehmen, dessen Wurzeln bis zurück ins 18. Jahrhundert reichen.

Das Fahrzeug befand sich in einem schlechten Zustand. Die Karosserie war durch die jahrzehntelange Verwitterung rostbraun geworden. Die Scheiben waren fast alle eingeschlagen. Kurios: Aus dem Fenster an der rechten Fahrzeugtür wucherte bereits Unkraut. Die Inneneinrichtung war vollkommen devastiert. Rostlöcher waren am Dach zu sehen. Dennoch umgab eine faszinierende Aura dieses dem Verfall preisgegebene Fahrzeug. Die Sitzbezüge in der Fahrerkabine waren zerschlissen. Das große, wuchtige Lenkrad war nicht mehr zu bewegen, da das Lenkungsgetriebe blockierte. Ein interessantes Detail am Dach des Busses war das verbliebene „Anhängerdreieck“, eine Vorrichtung, die auf modernen Fahrzeugen nicht mehr eingebaut ist: Im aufgeklappten Zustand zeigte dieser Ständer entgegenkommenden Fahrzeugen an, dass ein Anhänger mitgeführt wird.

Während des Zweiten Weltkrieges wurden MAN-Autobusse von der Wehrmacht requiriert und an allen Fronten eingesetzt. Sie standen in Afrika, Frankreich, Russland und an vielen weiteren Kriegsschauplätzen im Einsatz und wurden vor allem als Mannschaftstransporter genutzt. Ein Aufdruck an der Fahrzeugtür lieferte uns einen Hinweis auf den ehemaligen Besitzer des Fahrzeugs: „Karl Ahamer, Ebensee (…) E-2“. Damit war die Zuordnung klar: Der bekannte Tourismuspionier Karl Ahamer führte im Salzkammergut bis weit in die Nachkriegsjahre hinein ein Transport- und Verkehrsunternehmen.

Was die Zukunft für den verlassenen MAN-Autobus am Nordwestbahngelände bringen wird, wissen wir nicht. Der verrostete Oldtimer stand jedenfalls nicht alleine neben dem Abstellgleis. In unmittelbarer Nachbarschaft rostete auch ein „Saurer“-LKW aus den 1950er Jahren vor sich hin. Daneben stand auf einem bereits kaputten Eisenbahnwaggon ein alter Kran. Am Typenetikett des Hebekranes war noch der punzierte „Reichsadler“ zu erkennen.

Abgestellt auf einem Bahnhofsgelände in Wien: ein Autokran aus der Kriegszeit.

Faszination Oldtimer: MAN-Autobus, Baujahr 1940.

Unter der alten Motorhaube: geballte Kraft anno dazumal.

Nächste Doppelseite: Als wäre ein Flugzeug in ein Wohngebiet gestürzt: das Gelände der Schwechater Brauerei in der Abrissphase.

VII. Kapitel

Rüstungsbetrieb Schwechat

Produktionsstätte Schwechat

Schwechat wurde wie so viele andere niederösterreichische Gemeinden, die wie ein Kranz rund um Wien liegen, im Jahre 1938 an „Groß-Wien“ angeschlossen und bildete fortan den 26. Bezirk. Der ganze Stolz dieser Gemeinde war ihre Bierbrauerei. In alten Werbeprospekten wird die weltbekannte Brauerei Schwechat als der größte Bierlieferant Europas vorgestellt.

Während des Zweiten Weltkrieges wurden große Teile der unterirdischen Hallen der Brauerei von deutschen Rüstungsinspektoren beschlagnahmt, um dort Räume für die Kriegsproduktion zu gewinnen. Hier sollte Platz für die Flugzeugfirma „Heinkel AG“, die „Flugmotoren Werke Ostmark“ und auch für das Motorenwerk der „Steyr Daimler Puch AG“ geschaffen werden. Die Arbeitskräfte dafür „lieferte“ das Zwangsarbeiterlager Schwechat, ein Außenlager des KZ Mauthausen.

Schwechat verwandelte sich im Lauf des Krieges zu einer gigantischen Industriezone – den Alliierten blieb dies allerdings nicht verborgen: Die Bierbrauerei, der Fliegerhorst Schwechat, die Ölraffinerie „Nova“ und andere Betriebe, die für die deutsche Rüstung wichtig waren, wurden bald das Ziel von amerikanischen Luftangriffen. Weil Schwechat während des Zweiten Weltkriegs so bedeutend war, lag es auf der Hand, diesen Teil im Südosten von Wien als wichtiges Ziel unserer Spurensuche anzusehen. Wir forschten auf diesem Gelände an fast allen Stellen und sichteten Relikte aus der Vergangenheit.

Dokumentation während der Abbrucharbeiten

Die Sprengung des rund 50 Meter hohen Schornsteins der Brauerei Schwechat im Jänner 2012 wurde zum symbolkräftigen Höhepunkt der zügig vorangehenden Abbrucharbeiten. Mit einem dumpfen Knall brach der 150 Jahre alte Schlot zusammen. Mit dem Zuschütten der großen und tiefen Keller auf dem Areal dieses geschichtsträchtigen Betriebes wurden viele Spuren vernichtet, glücklicherweise konnten wir aber an vielen Stellen den Ist-Zustand umfassend dokumentieren, ehe die Schaufeln der Planierraupen ihr Werk begannen: Nach dem Aufreißen der Gewölbe wurde das gesamte Gelände eingeebnet; mit gewaltigen Hydraulikmeißeln wurde alles zerstört: von den Lagersilos und Werkstätten bis hin zu den Büroräumen. Dem Erdboden gleich gemacht wurde auch der im Jahre 1940 errichtete Silo. Als letzten Arbeitsschritt füllte man die nun geöffneten Hallen von oben mit dem Rest des Bauschuttes. Bis auf einen schmucken „barocken“ Garten-Pavillon, der inmitten des Firmenareals steht, wurde das Gelände der weltbekannten Bierbrauerei so für ein Wohnhausprojekt „freigemacht“.

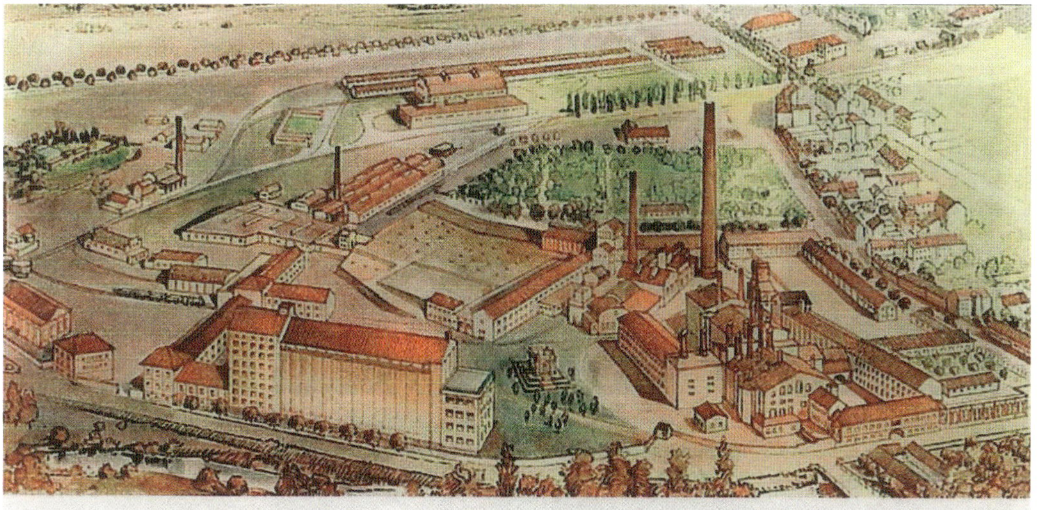

Die Schwechater Brauerei A.G. im Jahre 1942. Bild aus der Broschüre „Schwechater Lager".

Funde aus einer der unterirdischen Hallen: Lampenschirme, Flaschen, Kochtöpfe, Schuhe, Karbidlampen, Gabeln, Stahlhelme und Gasmaskentornister.

Manchmal war die Situation sehr prekär. Was gestern noch vor uns gestanden hatte, wurde heute bereits zerstört. Oft konnten Räume von uns nur mehr in letzter Minute aufgesucht und dokumentiert werden. Wir bemühten uns vor allem, die noch vorhandenen Spuren des Zweiten Weltkrieges zu erfassen.

Unter einem Teil der ehemaligen Bierbrauerei existierten noch die Reste eines Luftschutzraumes, der während des Krieges eingerichtet wor-

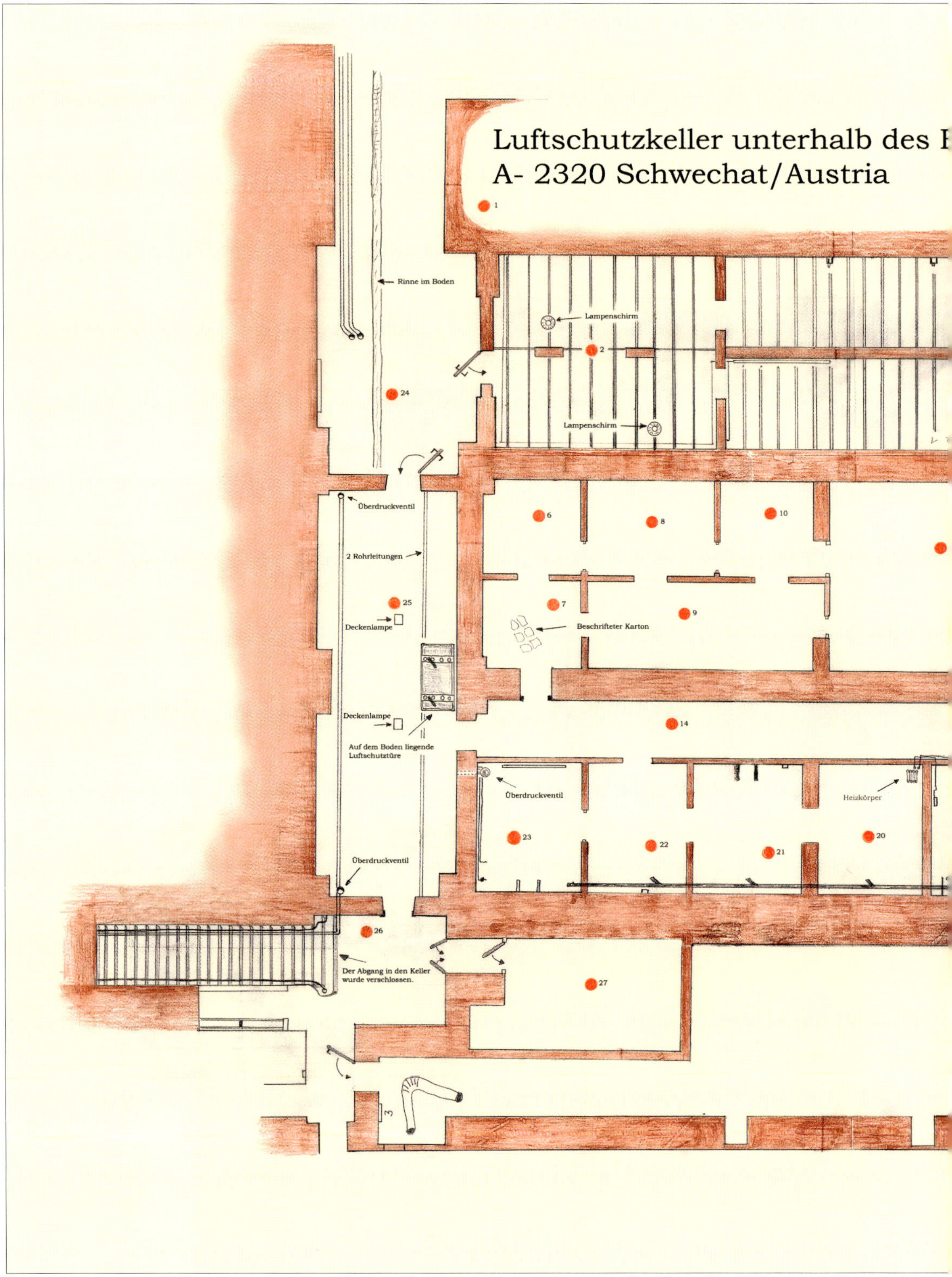
Luftschutzkeller unterhalb des
A- 2320 Schwechat/Austria
1
Rinne im Boden
Lampenschirm
2
24
Lampenschirm
Überdruckventil
6
8
10
2 Rohrleitungen
25
7
9
Deckenlampe
Beschrifteter Karton
Deckenlampe
14
Auf dem Boden liegende
Luftschutztüre
Überdruckventil
Heizkörper
23
22
21
20
Überdruckventil
26
Der Abgang in den Keller
wurde verschlossen.
27

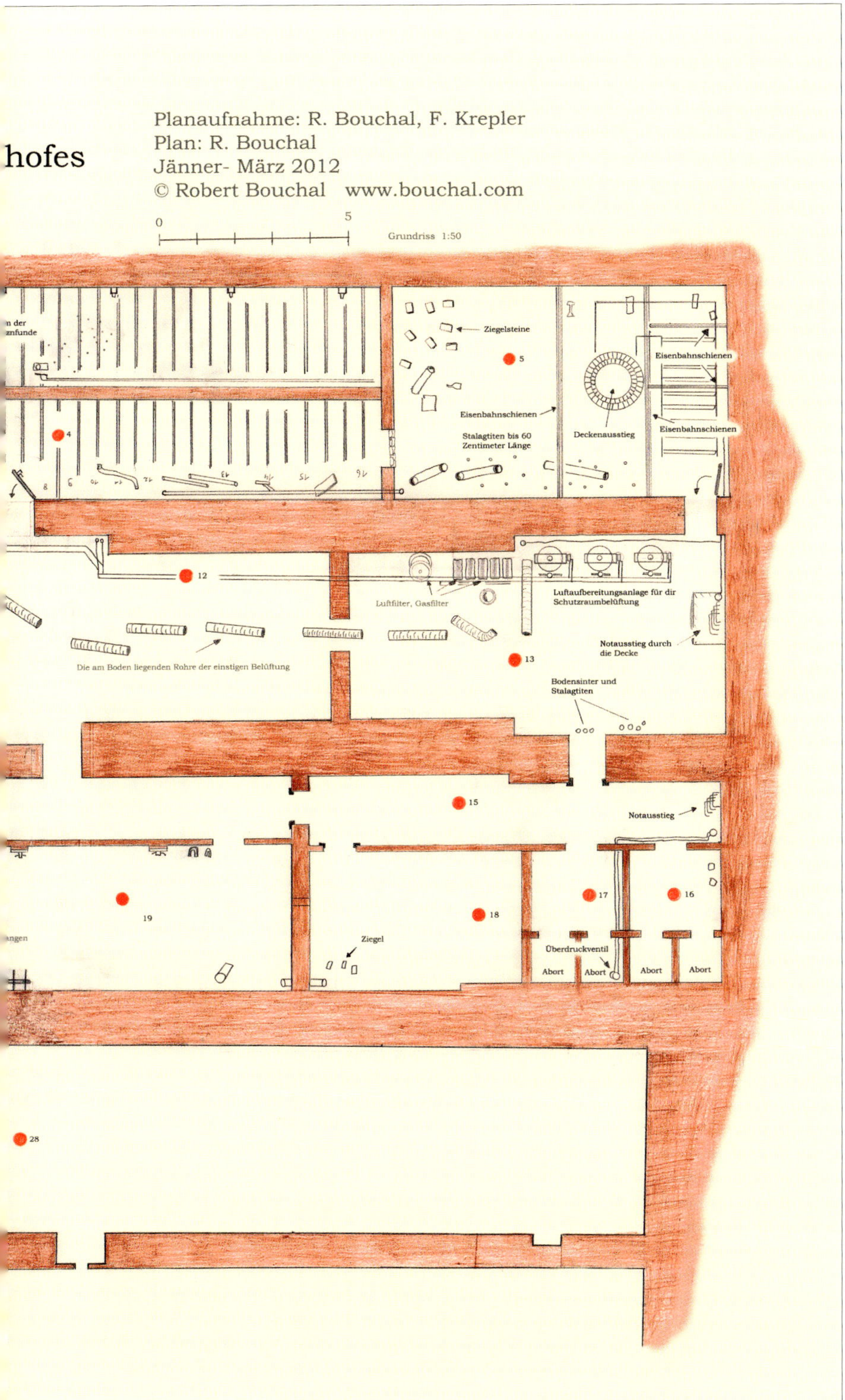

Darstellung des unterirdischen Gewölbeteils auf dem Brauerei-Areal, der als Luftschutzzone ausgebaut war. Plan aus dem Jahre 2012.

den ist. In vielen Einzel-Befahrungen der zahlreichen unterirdischen Gänge wurde durch Robert Bouchal und Felix Krepler der gesamte Bereich dieses Luftschutzareals vermessen – dadurch entstand ein genauer Plan des mit drei Schutzraumbelüftern ausgestatteten Luftschutzkellers. An den Belüftern waren noch die Schwebstoff- und Gasfilter angeschraubt. Daneben lagerten in einer eigens dafür vorbereiteten Holzregalhalterung mehrere Reservefilter. Die Eisenrohre waren durch den hohen Grad an Luftfeuchtigkeit, der über viele Jahre auf sie eingewirkt hatte, völlig kaputt. Bei genauerer Untersuchung zerbröselten die einst so massiven Eisenrohre nun in unseren Händen. In den Kammern lagen Teile der Be- und Entlüftungsrohre am Boden bzw. waren stellenweise noch an der Decke montiert. Einzelne sanitäre Räume waren noch zu erkennen, die Aborte selbst bereits nicht mehr vorhanden. In dem endlosen Labyrinth aus Räumen und Gängen konnten druckfeste Doppelriegeltüren (Luftschutztüren) gefunden werden. An einigen Stellen entdeckten wir verrostete Überdruckventile der Firma „Auer, Berlin", auch vor ihnen hatte der Zahn der Zeit nicht Halt gemacht.

Unsere Nachforschungen wurden zu einem Wettlauf mit der Zeit, da absehbar war, dass auch dieser unterirdische Teil der Fabrik zugeschüttet werden sollte. In den weitläufigen Kellern unter der Bierbrauerei wurden während der NS-Zeit Rüstungsbetriebe eingerichtet. Unter anderem bezogen wie erwähnt die „FOW" (Flugmotorenwerke Ostmark) und „SDP" (Steyr-Daimler-Puch A. G.) hier Quartier. In den Archiven und in der Literatur gibt es hierzu einige Hinweise. Wir fanden einige Utensilien aus der Zeit des Zweiten Weltkrieges, ebenso Objekte aus den Jahren davor und danach. Jedoch kein einziges Relikt der Rüstungseinrichtungen selbst.

In den Räumen des Luftschutzgewölbes entdeckten wir Kleiderhaken aus Holz, die an aus der Wand ragenden Eisenstangen hingen. Das Holz war in einem so schlechten Zustand, dass es bei der kleinsten Berührung zerfiel. Wasser hatte über Jahre hinweg das Holz angegriffen. Zu den weiteren Fundgegenständen zählten Gasmaskenfilter; in einem Bereich des Luftschutzkellers lagen unzählige Metallmünzen – vermutlich Biermarken – mit der aufgeprägten Aufschrift: BRAUEREI SIMMERING. Wir durchforsteten etliche Kammern und Räume und leuchteten in jeden zugänglichen Winkel. So fand sich etwa auch ein verbeulter Blecheimer mit der Aufschrift *Adler Margarine Austria* und dem Doppeladler, der darauf noch gut zu erkennen war.

Viel versprechend entpuppte sich der Einstieg durch eine kleine Öffnung, die zu einer verschütteten Halle führte. Der ursprünglich große Raum war bis fast an die Decke zugeschüttet worden, eine oberflächliche Grabung brachte eine Menge von zeitgeschichtlich interessanten Utensilien zu Tage: Wehrmachtshelme, Reste von Gasmasken und verschiedene Glasflaschen. An einem undefinierbaren Stofffetzen, mögli-

Belüftungsmaschinerie samt Gasfilter. Die Reste der ehemaligen Schutzräume zeugen von einer hohen Aufnahmekapazität. Bei unseren Forschungsarbeiten haben wir alle verbliebenen technischen Einrichtungen akribisch aufgenommen.

Bevor die unterirdischen Hallen verfüllt wurden, konnten noch zahlreiche Utensilien geborgen und dokumentiert werden: Marken der alten Bierbrauerei, zwei Wehrmachtshelme, Gasmaskenfilter, Karbidlampen, Gabeln und vieles mehr.

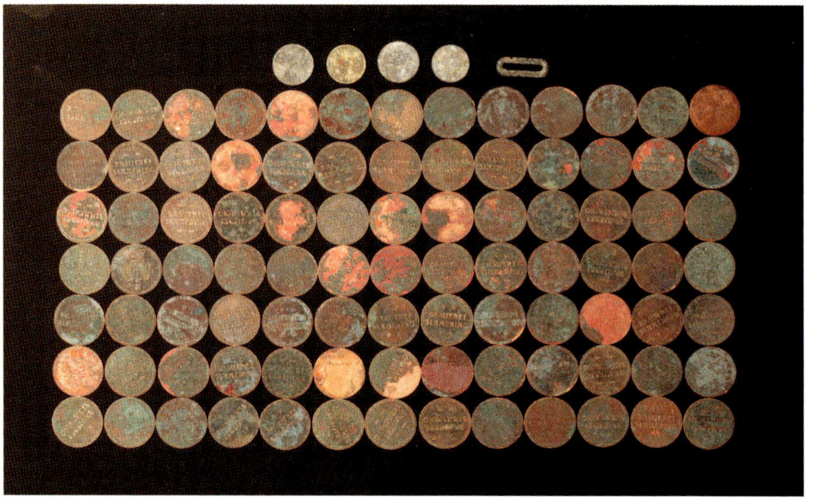

ADLER-MARGARINE
AUSTRIA

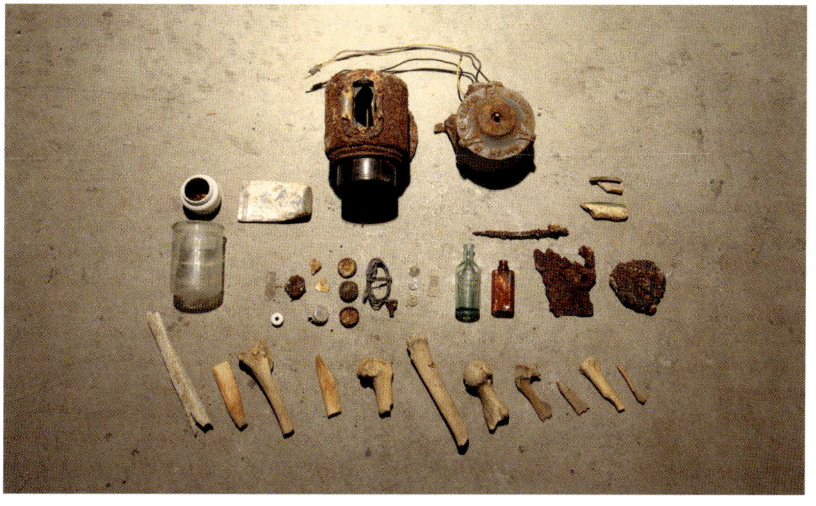

„Lost Place".

cherweise der Rest eines Arbeitsmantels, war noch ein Abzeichen angeheftet. Es konnte als WHW (Winterhilfswerk)-Abzeichen aus der Serie „Verkehrszeichen" bestimmt werden. Wir fanden einen Gasmaskentornister, zwei Gabeln, fünf Reichspfennige aus dem Jahre 1935, diverse Töpfe, Deckel, Metalldosen, Reste von Schuhsohlen, zwei Karbidlampen, einige Isolatoren, Trinkhäferln aus Blech, Aluminiumtöpfe und einiges mehr.

Aufgrund der laufenden Abbrucharbeiten konnten wir nicht mehr in alle unterirdischen Bereiche gelangen, weil die Verbindungsgänge nach und nach verfüllt wurden. Eine genaue Koordination mit den Abbrucharbeiten war daher oberstes Gebot. In einem noch zugänglichen Kellerabschnitt waren an den ziegelgemauerten Decken-Strebepfeilern mit Bleistift gekritzelte Namen und Jahreszahlen zu lesen, die doch ein gewisses Aufsehen erregten. Die Namen, möglicherweise ungarischen Ursprungs, und die Jahreszahlen, meist 1944, könnten vielleicht auf dienstverpflichtete Häftlinge und Zwangsarbeiter hinweisen, die nachweislich vom NS-Staat zum Rüstungsprogramm herangezogen worden waren. Diese Zeichen der Vergangenheit sprechen zu uns, obwohl wir sie nicht definitiv zuordnen können. Die Nachrecherchen am Gemeindeamt Schwechat unterstrichen aber die Tatsache, dass während des Zweiten Weltkrieges Männer und Frauen aus vielen von den Deutschen besetzten Ländern in Schwechat Sklavenarbeit verrichten mussten: Franzosen, Griechen, Polen, Ukrainer und Ungarn ...

Der ehemalige Schwechater Stadtarchivar Adolf Ezsöl, der sich seit vielen Jahren mit der dunklen Geschichte seiner Heimatstadt in der NS-Zeit beschäftigt, hat im Jahre 1992 im Wiener Rathaus Unterlagen zu den Luftangriffen auf Schwechat gefunden und sie in das Schwechater Stadtarchiv gebracht. Von privater Seite hat er 1994 umfangreiche Dokumente erhalten, in denen auch die Adaptierung der Bierbrauerei für das unterirdische Rüstungsprogramm belegt wird. Ziel der Führung des „Dritten Reiches“ war es, einzelne Betriebe rigoros in das Rüstungsprogramm einzubinden und „umzurüsten“. Diese Vorgangsweise brachte Probleme und Differenzen mit sich. Eine reibungslose Beschlagnahme gab es in den seltensten Fällen.

Als aufgrund der alliierten Luftangriffe das Reichsgebiet immer massiver bedroht wurde, gab Albert Speer, der Reichsminister für Bewaffnung und Munition, am 26. August 1943 einen „Erlass über die Verlegung kriegswichtiger Betriebe und Betriebsteile“ heraus. Auch Wien erhielt aus Berlin eine diesbezügliche Order, sie sah vor, dass entsprechende unterirdische Räume für die Rüstung zur Verfügung gestellt werden müssten. Der Brauerei-Generaldirektor Wolfgang Widter erhielt als „Beauftragter“ des stellvertretenden Chefs des „Produktionsamtes im Ministerium Speer“ den Auftrag, geeignete Keller ausfindig zu machen. Insgesamt ließ Widter 39 Kelleranlagen in Wien inspizieren, auf ihre Tauglichkeit prüfen und anschließend vermessen. Darunter befanden sich auch die großen unterirdischen Bierlagerhallen in Schwechat.

Sofort „stürzten“ sich Rüstungs-Großbetriebe wie die „Berndorfer Metallwarenfabrik“ oder die „Flugmotorenwerke Ostmark“ (FOW) auf

Durch das Abreißen einer Hallenwand bekommen wir einen direkten Blick in das Innere: Vor uns steht eine gewaltige Apparatur der Brauereianlage.

die Schwechater Objekte – sie wollten sich hier umgehend einquartieren. Da auf die wirtschaftlichen Interessen der Bierbrauerei keine Rücksicht genommen wurde, fingen damit die Probleme an: In einem Schreiben vom 9. März 1944 an die „Rüstungsinspektion XVII des Reichsministers für Rüstung und Kriegsproduktion, Wien III., Pettenkofengasse 1" protestierte Generaldirektor Widter gegen die rigorose „Einweisung" und äußerte sich gegen eine Stilllegung des *hochrationalisierten Spitzenbetriebes unserer Brauerei Schwechat, der größten Braustätte des Deutschen Reiches*, die von den Flugmotorenwerken Ostmark „besetzt" werden sollte. Immerhin seien nach dem sogenannten „Anschluss" Österreichs an das „Deutsche Reich" im Geschäftsjahr 1938/39 allein in Schwechat 1.028.932 Hektoliter Bier erzeugt worden, die Bierbrauerei sei in der Region ein wichtiger wirtschaftlicher Zweig geworden. Auch während des Krieges bliebe der Bierausstoß der Firma beträchtlich, da das Brauhaus die Wehrmacht beliefere.
Die Herren von der Rüstungsinspektion ließen sich jedoch nicht beirren. Weiters schickte Widter Briefe und Fernschreiben an die Parteikanzlei III in München und an den Adjutanten Martin Bormanns, des Leiters der Partei-Kanzlei, um einer drohenden Sperre seines Betriebes entgegenzuwirken. Der Protest verpuffte jedoch. Der nächste Schlag gegen die Brauhausführung erfolgte unmittelbar danach: Teile der Steyr-Daimler-Puch AG wurden in die unterirdischen Schwechater Brauereikeller eingewiesen.
Die Transporte zur Verlagerung der Maschinen der Rüstungsbetriebe hatten zur Folge, dass die Bierauslieferungen enorm behindert wurden. Letztendlich fand man einen Kompromiss, der zumindest keine totale Stilllegung der Bierauslieferung zur Folge hatte.
Rigoros umgesetzt wurde die Einweisung von Zwangsarbeitern und Kriegsgefangenen. Mit Zügen und LKWs wurden sie von Mauthausen nach Schwechat gebracht und in den unterirdischen Produktionsstätten zur Zwangsarbeit angehalten. Die Quartiere für sie mussten jedoch oberirdisch errichtet werden – es entstand ein Außenlager des KZs Mauthausen. Die ersten Häftlinge aus Mauthausen dürften bereits Mitte März 1944 eingetroffen sein. Sie mussten mit den Umbauarbeiten und der Installation der Maschinen für die FOW beginnen. Auch hier kam es zu Problemen – es fehlten die notwendigen Toiletten und Sanitärräume.
In einer „Gedächtnisnotiz" hielt der Brauerei-Generaldirektor Wolfgang Widter fest: *Es ist völlig unmöglich, dass sich die Bauabteilung weigert, die vorgesehenen Abgrenzungen in den Kellern vorzunehmen, es ist weiters eine Unmöglichkeit, die beschäftigen in- und ausländischen Bauarbeiter die Notdurft in den nicht isolierten Kellern und Tennen verrichten zu lassen. Wie ich gestern persönlich feststellen konnte, legen sich die Eindringlinge in der Beziehung keinerlei Hemmungen, sowohl nach der kleinen als auch nach der großen Seite, auf.*

Mit der Ansiedlung von Rüstungsbetrieben entwickelte sich Schwechat zu einem bedeutenden Industrie- und Rüstungsstandort. Weil im sogenannten „Altreich“ die Rüstungsbetriebe von den alliierten Luftstreitkräften nacheinander in Schutt und Asche gelegt wurden, setzte die deutsche Militärmacht verstärkt auf die noch vom Bombenkrieg verschonten „Alpen- und Donaugaue“, wo sichere Plätze für die Produktion von Rüstungsgütern erschlossen werden sollten. Schwechat bot dafür eine vielversprechende Infrastruktur. Die Kelleranlagen der Schwechater Bierbrauerei, der strategisch günstig gelegenen Fliegerhorst „Schwechat-Heidfeld“ und die so wichtige Ölraffinerie „NOVA“ sollten nur einige Aktivposten für den Fortbestand des „Tausendjährigen Reiches“ sein. In Schwechat befanden sich weiters die Sauerstoff- und Dissousgasfabrik „AGA-Werk“ und die Großbäckerei „Hammerbrot-Fabrik“.

Natürlich zog diese Dichte an wichtigen Betrieben auch die US-Bomberverbände an. Am 1. November 1943 hatten die Amerikaner die „15. US-Luftflotte“ ins Leben gerufen, die sich darauf konzentrierte, primär eben solche lohnenden Ziele ins Visier zu nehmen und auszuschalten. Ihnen war die Lage der anzugreifenden Standorte genau bekannt und sie wussten auch, was dort produziert und an Kriegstechnologie entwickelt wurde. Es war nur eine Frage der Zeit, wann die Angriffswellen der

Bomber der 15. US-Luftflotte, die, aus Italien kommend, den langen Anflug schafften, werden vom Abwehrfeuer der Schwechater Flak erfasst.

Bomberverbände auftauchen würden. Am Freitag, dem 17. März 1944, war es so weit: Rund 200 Bomber vom Typ „B-24 Liberator" steuerten, begleitet von Jagdflugzeugen, erstmals Schwechat an. Die drei Wellen, die in den Luftraum von Groß-Wien einflogen, wurden vom heftigen Abwehrfeuer der deutschen Flakstellungen erfasst, die darauf schon vorbereitet waren und nicht tatenlos zuschauen wollten. Dieser Angriff war nicht besonders effektiv und zunächst nur ein Nadelstich. Die Effektivität der Luftangriffe auf das „Target" Schwechat sollte sich aber in den nächsten Monaten steigern. Bis zum Kriegsende wurde Schwechat insgesamt 29-mal bombardiert. Dabei krachte die abgeworfene tödliche Fracht auch in städtisches Wohngebiet, wobei zahlreiche Zivilpersonen getötet wurden. Schwechat wurde zu 80 % zerstört.

Akribische Luftschadensmeldungen

Zu den Luftangriffen finden sich im Schwechater Stadtarchiv interessante Materialien: die *Luftschadensmeldungen* (LSM) der durch die Bombardements geschädigten Einwohner. Es sind dies detaillierte Anträge, mit denen Schadenersatzansprüche angemeldet wurden. Die rechtliche Grundlage dafür bildete die „Kriegsschädenverordnung" vom 30. November 1940: Personen und Betriebe, welche durch Luftangriffe „Zerstörungen, Verluste bzw. Totalschäden" erlitten hatten, konnten ihr zufolge dementsprechende Vergütungen respektive Zahlungen anmelden. Dazu gab es Formblätter, die auszufüllen waren; die durch Feindeinwirkung erfolgten Verluste mussten einzeln aufgelistet werden. Eingetragen werden konnte die unwiederbringlich verloren gegangene Haushaltseinrichtung: von Kommoden und Sesseln bis zu Geschirr und Bekleidung. Der Anschaffungswert sollte jeweils dazugeschrieben werden; Zeugen mussten die Angaben bestätigen. Zwischen den Jahren 1944 und 1945 wurden Hunderte derartiger Anträge an die zuständige Bezirkshauptmannschaft gestellt und von der „NSDAP Ortsgruppe Mannswörth-Süd" abgestempelt. In der Regel wurden die Forderungen der Geschädigten auch anerkannt und die entsprechenden Summen ausbezahlt.
Es sind elf prall gefüllte Kartonschachteln mit „LSM", die im Stadtarchiv liegen und vom „Alltag" des Luftkriegs erzählen. So listet beispielsweise das „Gefolgschaftsmitglied der Firma Heinkel", Frau Maria H. (geboren 1897, Büro-Hilfskraft), ihren Schaden vom Angriff am 12. September 1944 in der „Baracke 93" auf: „2 Tassen mit Untertassen, Kaffeekanne, Esslöffel, Gabel, Messer, Teelöffel (Silber), Esstopf, Handtuch, Kittelschürze, Taschentuch, Füllfederhalter, Buch". Die Schadenssumme von 98,50 Reichsmark wurde ihr ausbezahlt.
Historisch interessant sind die Anträge der vielen „Ausländer" (Zwangsarbeiter), die in den diversen Schwechater Rüstungswerken –

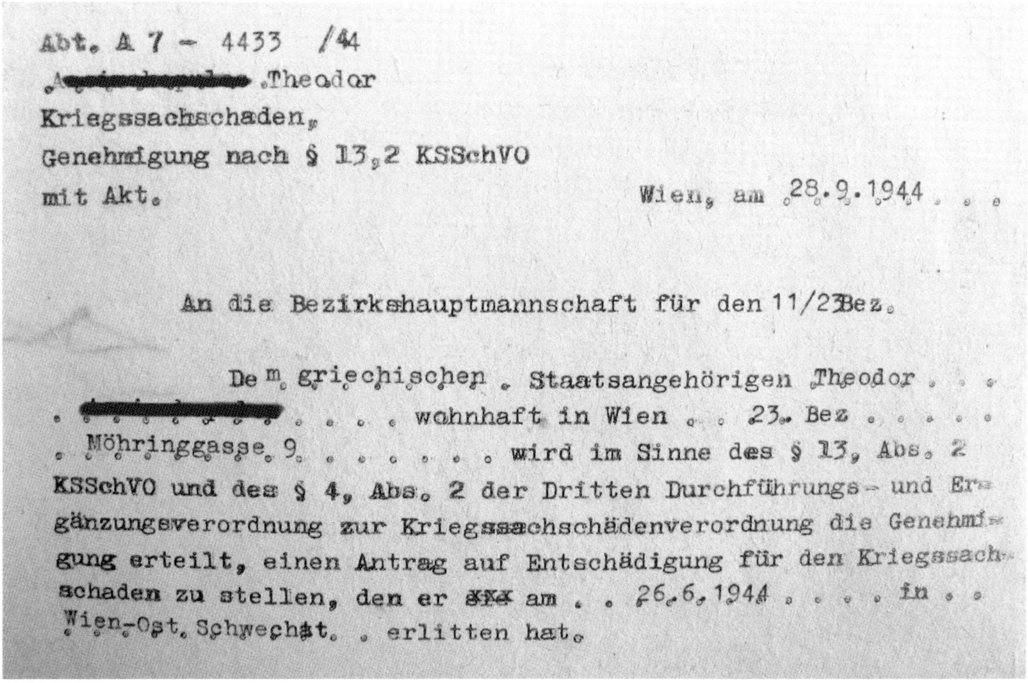

Abt. A 7 - 4433 /44
[redacted] Theodor
Kriegssachschaden,
Genehmigung nach § 13,2 KSSchVO
mit Akt. Wien, am 28.9.1944

An die Bezirkshauptmannschaft für den 11/23 Bez.

Dem griechischen Staatsangehörigen Theodor [redacted] wohnhaft in Wien 23. Bez Möhringgasse 9 wird im Sinne des § 13, Abs. 2 KSSchVO und des § 4, Abs. 2 der Dritten Durchführungs- und Ergänzungsverordnung zur Kriegssachschädenverordnung die Genehmigung erteilt, einen Antrag auf Entschädigung für den Kriegssachschaden zu stellen, den er am 26.6.1944 in Wien-Ost, Schwechat erlitten hat.

hauptsächlich in den Ernst-Heinkel-Werken – arbeiteten. So finden sich u. a. Franzosen, Griechen, Holländer, Ukrainer und Polen unter den Antragsstellern. Stellvertretend soll hier der Grieche Theodor A. (geboren 1920 in Athen) genannt werden, der als Schlosser in Wien Ost-Schwechat arbeitete und nach dem Angriff am 26. Juni 1944 etliche „Bekleidungsverluste“ (u. a. Anzüge, Arbeitsanzüge, Pullover, Unterhosen) meldete. Auch der Schadensanspruch der Französin Ida A. (geb. 1922, Bürokraft) wurde genehmigt – sie verlor durch den Sprengbombenangriff vom 7. Oktober 1944 ein Kostüm, einen Pullover, ein paar Handschuhe, vier Blusen, einen Wollschal, einen Regenschirm, vier Handtücher etc.

Neben heimischen „Bombengeschädigten“ reichten auch nichtdeutsche Staatsbürger den Verlust ihrer persönlichen Habseligkeiten ein.

Studiert man all diese vergilbten Akten, in denen – nach heutigen Maßstäben – scheinbar unwichtige Utensilien genannt werden, ist man doch emotional berührt, wie akribisch damals von den Betroffenen alles aufgelistet worden ist. Die Bürokratie im „Dritten Reich“ hatte eben auch diese Seite.

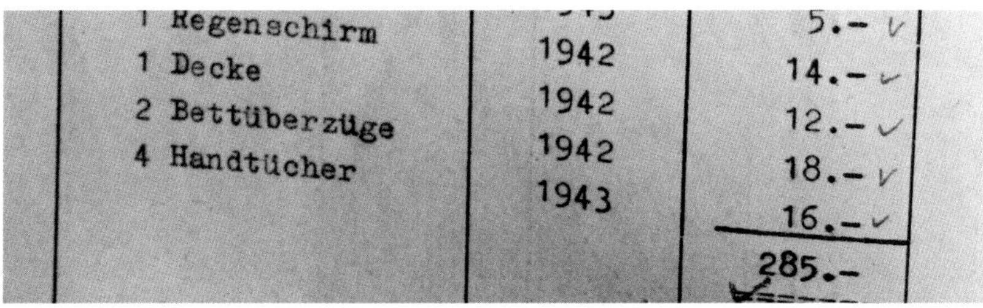

1 Regenschirm		5.–
1 Decke	1942	14.–
2 Bettüberzüge	1942	12.–
4 Handtücher	1942	18.–
	1943	16.–
		285.–

Die den Behörden vorgelegten, meist penibel geführten Listen wurden überprüft, die Schadenssumme in der Regel ausbezahlt.

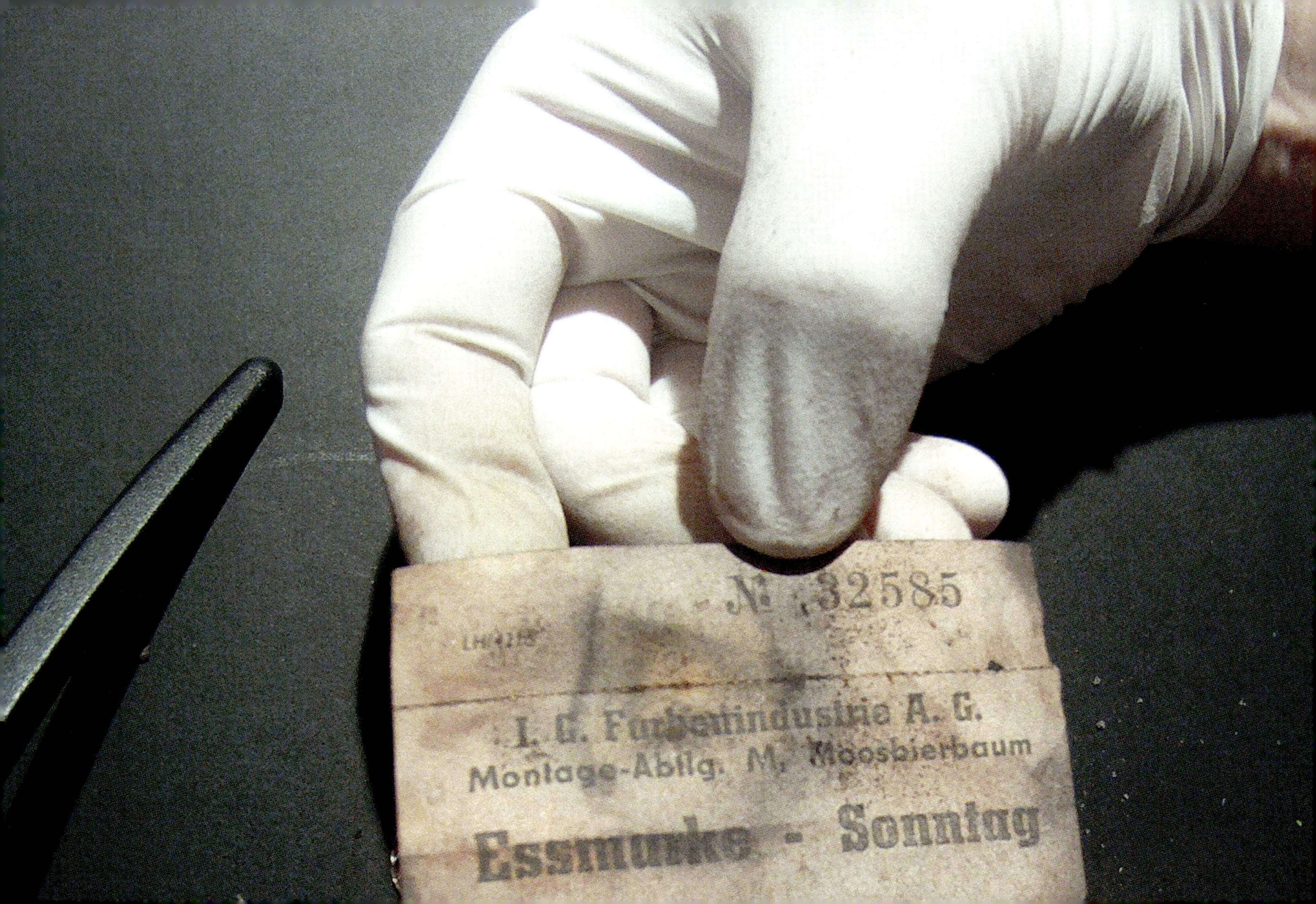
№ 32585
Montage-Ablg. M. Moosbierbaum
Sonntag

VIII. Kapitel

Im Brennpunkt des Luftkrieges: die „Donau-Chemie“

Schwarze Rauchsäulen steigen nach jedem Angriff in den Himmel, ohrenbetäubende Explosionen überdecken selbst das laute Motordröhnen der US-Bomber, die seit Juni 1944 die Standorte der großen Raffinerien und Öllager rund um Wien angreifen. Korneuburg (Gasoline-Werke), Floridsdorf (Shell), Schwechat (Nova) und Vösendorf (Fanto AG) werden heftig mit Bomben attackiert. Bombentreffer erschüttern auch den Ölhafen Lobau sowie das Tanklager am Praterspitz. Die Luftschläge gegen die Treibstoffindustrie sollen die deutschen Kriegsanstrengungen zum Erliegen bringen. Es war zu beobachten, dass sich die Ziele der alliierten Luftstreitkräfte verlagert hatten. Nach den Angriffsserien gegen die gegnerische Flugzeugindustrie versuchten die Bomberverbände nun, die für die aktive Kriegsführung so notwendigen Benzin- und Kraftstofflager zu zerstören. Gezielt bombardierten sie eine Treibstoffbasis der Deutschen nach der anderen.
Die Aufklärer der 15. US-Luftflotte erkannten bald, dass sich die Hauptproduktionsstätte rund um Moosbierbaum-Pischelsdorf, westlich von Tulln, angesiedelt hatte. Dort hatte sich der große Treibstoffkonzern „Donau-Chemie" zu einem gigantischen Industrieriesen entwickelt. Von Juni 1944 bis Ende März 1945 öffneten sich die Bombenschächte über diesem „Target" rund 20-mal. Während der schweren Angriffe war, laut Erzählungen von Zeitzeugen, das Beben der Erde bis nach Wien zu spüren, zumindest wusste man, dass dort Entscheidendes passierte. Stumme Zeugen der Schreckenstage sind geblieben: Betonfundamente und vergessene Bunker dokumentieren hier heute noch die Kriegsanstrengungen der deutschen Industrie, Bombentrichter und Bombensplitter künden von der Zerstörungsgewalt der amerikanischen Luftangriffe. Der im Gelände verbliebene Kriegsschrott ist nach rund 70 Jahren noch immer sichtbar.

Katalogisierung des Ruinenfeldes

Im Umfeld der heutigen „Donau-Chemie" findet sich noch eine Reihe von Zeugnissen des Zweiten Weltkrieges. Steinerne Ruinen liegen halb versteckt im Gelände, markante Relikte wie die drei hohen Betonpfeiler zwischen einem Acker und einer Baumgruppe südwestlich des heutigen Parkplatzes zur „Donau-Chemie" ragen gegen den Himmel – es sind die Reste einer geplanten und nie vollendeten Hochbrücke. Im „Tausendjährigen Reich" sollte diese Brücke über den damals so kriegswichtigen Betrieb führen. Die Ausführung blieb in einem ersten Bauabschnitt stecken.
In dieser von Feldern dominierten Landschaft sieht man grüne „Inseln", die beim ersten Augenschein als nicht genutzte Ackerflächen gelten könnten. Nähert man sich jedoch diesen Inseln und versucht man die meist dicht verwachsenen Zonen genauer zu inspizieren, so

Markante Hinterlassenschaft der NS-Zeit: Pfeiler einer nicht fertig gebauten Autobahnbrücke.

Die gesprengten Reste der einstigen Fabrikanlage liegen heute noch als Ruinen in der Landschaft.

Mit der Luftbildkamera schweben wir direkt über dem großen Ruinenfeld.

Brückenpfeiler des „Tausendjährigen Reiches“. Sie stehen offensichtlich niemandem im Weg. Erst aus der Sicht der Luftbildkamera mit einer Person als Vergleich wird die Größe dieses Baues erkennbar.

entdeckt man hier Reste von Beton. Als wir begannen, diese Inseln noch genauer unter die Lupe zu nehmen, fanden wir Treppen, die zu Splitterschutzdeckungsgräben hinabführten. Es stellte sich heraus, dass das ganze Gebiet mit einer großen Anzahl von solchen Schutztunnels, die bis heute erhalten geblieben sind, ausgestattet worden war. Wir entdecken auch Reste von Gleiskörpern, die seinerzeit in das Werk führten. Ebenso Fundamente von mehreren Wirtschaftsgebäuden, die zum Industriekomplex zählten – all das Indizien für die enorme Bedeutung und Ausdehnung der Anlage westlich von Tulln.
In der Donauau befindet sich der sogenannte „Silbersee“. Er wird an einer Seite durch ein aus Beton gefertigtes Anlagenhaus begrenzt. Im Tagbau wurden hier aus dem einstigen Donaubett Sand und Schotter gefördert. Es ist bemerkenswert, welch große Fülle an einzelnen Hinweisen uns ein Gesamtbild von der enormen Ausdehnung dieser einstigen Produktionsstätte vermittelt. Mit Hilfe von Anrainern und ortskundigen Personen begannen die Recherchen, die uns neben sehr vielen Tagen im Gelände auch in die Museen der Gegend führten. Bei der Durchsicht von verschiedenen Sammlungen gelang es uns, das Bild dieses einst großen Industriestandortes abzurunden.
Während des Ersten Weltkrieges wurde auf den Feldern südlich von Moosbierbaum mit dem Bau der „Pulverfabrik Skodawerke-Wetzler AG“ begonnen. Die k. u. k. Armee benötigte in großem Stil Schießpulver und Sprengstoff. Wenige Monate nach Fertigstellung stoppte die Kriegspro-

duktion abrupt; der Krieg hatte sein Ende gefunden. Aufgrund der Bestimmungen der Siegermächte im Friedensvertrag von St. Germain war es dem Werk verboten, weiterhin Sprengstoffe herzustellen. So wurden ab sofort in den großen Hallen Produkte für die Landwirtschaft und Waschpulver am Fließband hergestellt; die meisten der alten Fabrikgebäude blieben jedoch unbenutzt. Anfang der 1930er Jahre wurde aufgrund der tristen wirtschaftlichen Lage Kontakt mit dem deutschen I.G.-(Interessensgemeinschaft)-Farben-Konzern aufgenommen. Man erhoffte sich dadurch einen Fortbestand des österreichischen Unternehmens. Die Produktpalette wurde alsbald um Entrostungsmittel, Konservierungsmittel für Grünfutter, Schädlingsbekämpfungsmittel und einige weitere Produkte erweitert. Die Ereignisse des Jahres 1938 und der „Anschluss" an „Großdeutschland" brachten für den Betrieb einen enormen Aufschwung. Nördlich von Pischelsdorf, direkt an der Donau, wurde ein neues Firmenareal erschlossen, welches zu einem großen Chemiekomplex ausgebaut wurde. Es entstand das „Chemie-Werk Donau", eine Zusammenführung des alten (südlichen) und des neuen (nördlichen) Werkes. Mit Beginn des Zweiten Weltkrieges war wieder eine „kriegswirtschaftliche" Produktion gefordert. Aus der Fusionierung mehrerer chemischer Fabriken entstand die „Donau Chemie AG". Wirtschaftsmagnate aus Deutschland und die NS-Führung verteilten bei diesen Transaktionen die Karten neu, federführend blieb allerdings die I.G. Farben mit Sitz in Frankfurt. Zum Gründungstag der „Donau Chemie AG" wurde der 7. Juni 1939. Moderne Produktionsstätten für die großen, schier unersättlichen Bedürfnisse des Heeres und der Luftwaffe waren gefragt.

Innovation: synthetisch hergestellter Treibstoff

Die Kriegsindustrie nahm nun die Zügel in die Hand. In den Jahren 1940 bis 1942 wurde von der Firmengruppe „I. G. Farben Ammoniakwerk-Merseburg", wie der Dachkonzern nun hieß, in kurzer Bauzeit auf dem Gelände des alten „Südwerkes" eine der modernsten katalytischen Benzin-Reforming-Anlagen zur Herstellung von hochoktanigem Flugbenzin mit angeschlossener Stabilisation, Raffination und Redestillation errichtet. Diese Aufbereitungsanlage ging als sogenannte „HF"-Anlage (Hydroforming-Anlage) in die Annalen der Werksgeschichte ein. Dafür wurden mehrere große Gebäude errichtet, in denen die chemischen Arbeitsschritte abliefen.
Auf dem nördlich anschließenden Areal wurde eine komplette kombinierte atmosphärische Rohöldestillationsanlage aufgebaut. Diese befand sich ursprünglich in Frankreich. Es handelte sich dabei um das System „Foster Wheeler", das dort nach dem siegreichen deutschen Frankreichfeldzug 1940 als Kriegsbeute abgebaut und nach Moosbierbaum verbracht wurde. Als „DORA"-(Donau Raffinerie)-Anlage wurde

„Es war fürwahr ein langer Schritt zu diesem Tropfen prima Sprit, jedoch hilft er zum Siege mit": Das Bild zeigt den geschmückten Eisenbahnwaggon, der mit dem ersten in Moosbierbaum hergestellten Treibstoff gefüllt ist.

nun diese Produktionsstätte dem Werk angeschlossen. Das Unternehmen wuchs zusehends.

Am Donauufer beim „Nordwerk" nahe Pischelsdorf war eine Kaianlage errichtet worden; hier wurde das aus Ploieşti in Rumänien herangeschaffte Rohbenzin entladen. Eine Pumpstation an der Donau mit zwei Pipelines ermöglichte die rasche Entladung des flüssigen Rohstoffes. Nachdem auch der Donauarm ausgebaggert worden war, konnte man nun den Hafen vergrößern. Der gewonnene Schotter wurde sogleich dem Werk zugefügt. Im „Nordwerk" wurde die Produktion von Schwefelsäure, Oleum für Sprengmittel und Chlorsulfonsäure für Vernebelungsstoffe aufgenommen.

Weiters wurde mit dem Bau einer Magnesiumelektrolyse begonnen, einer Schmelzanlage, in der Leichtbauteile aus Magnesium hergestellt wurden, die bevorzugt beim Flugzeugbau Verwendung fanden. Die in dieser Fabrik anfallenden Gase wurden in unterirdische Schächte geleitet, die als unsichtbare „Schornsteine" für feindliche Piloten in ihren Flugzeugen nicht zu sehen waren – die unter der Erde in Schlangenlinien verlegten Rohre endeten in den Donauauen, wo der abgekühlte Rauch fast unbemerkt zwischen den Bäumen austreten konnte und nicht wie sonst direkt über einem frei stehenden Kamin verräterisch in den Himmel aufstieg.

Der Abtransport des aufbereiteten Flugbenzins erfolgte mit Kesselwaggons über das Industrieanschlussgleis zum Bahnhof Moosbierbaum-

Heiligeneich im Süden. Ein historisches Foto zeugt von der erfolgreichen ersten Benzinauslieferung am 30. September 1942. Auf einem Transparent auf einem Eisenbahnwaggon prangen die Worte: *Es war fürwahr ein langer Schritt zu diesem Tropfen prima Sprit, jedoch hilft er zum Siege mit.*

Im Heimatmuseum Zwentendorf werden viele Dokumente, Aufzeichnungen, Fotografien und Objekte aus der Geschichte des Treibstoffwerkes Moosbierbaum aufbewahrt. Hier hängt auch ein großer Übersichtsplan (1:5000) des Großkonzerns, datiert mit 20. August 1943, auf dem die Anlagen und Gebäude gut zu erkennen sind. Dieser Industriestandort wurde im Verlauf des Krieges ein primäres Ziel der amerikanischen Luftstreitkräfte, die hier ihre Bomben abwarfen. Die „Ausschaltung" des

Die Anlagen zur Produktion von Flugbenzin.

Werkes lag den Amerikanern sehr am Herzen, sollte doch damit nicht zuletzt auch der Technologievorsprung der deutschen Ingenieure zunichte gemacht werden.
Das Werk Moosbierbaum wird in der Industriegeschichte auch als „Hydrierwerk“ bezeichnet. Unter dem chemisch-technischen Begriff „Hydrierung“ versteht man die synthetische Herstellung von Treibstoff, indem man Kohle durch Wasserstoff verflüssigt. Durch bestimmte Veredelungsverfahren können Rohstoffe (Kohle oder Erdgase) unter Einwirkung von Druck und Hitze zu Kraftstoffen umgewandelt werden.
In Deutschland strebte man nach Autarkie. Besonders nach der Machtergreifung der Nationalsozialisten verfolgte die Staatsführung die Unabhängigkeit von Rohstoffimporten. Man suchte nach optimalen Lösungen – Ziel waren die Veredelung von Rohöl und die Gewinnung weiterer nützlicher Substanzen. Natürlich hatte der NS-Staat auch die Absicht, den mutwillig vom Zaun gebrochenen Krieg mit Hilfe von synthetisch gewonnenen Treibstoffen weiterzuführen. Dieses Verfahren sicherte den Krieg Hitlers zu Lande, am Meer und in der Luft. Auf sich allein gestellt, versuchte Hitlerdeutschland im „Krieg der chemischen Prozesse“ maximale Leistungen zu erlangen, was mit der „Hydrierung“ auch ermöglicht wurde.

Streben nach Autarkie

1934 hatte Hitlers junger Wirtschaftsminister Hjalmar Schacht (1877–1970) die Braunkohle-Benzin AG (BRABAG), eine Pflichtgemeinschaft der deutschen Braunkohlenindustrie, gegründet. Es wurden in Deutschland große Treibstoffwerke geplant und gebaut, die auch in Zukunft die Energieversorgung sichern sollten. Mit großem Propagandawirbel wurde 1936 das „Vierjahresprogramm“ ins Leben gerufen, mit dem neue Höchstleistungen der deutschen Industrie angestrebt wurden. Bis in die ersten Kriegsjahre hinein wurde das Projekt stets angekurbelt; Anfang der 1940er Jahre konnte der Plan jedoch nur mehr zu etwa 45 Prozent erfüllt werden. Im Laufe des Krieges und angesichts sich abzeichnender Engpässe an Roh- und Kraftstoffen wurde nach neueren chemischen und synthetischen Verfahren gesucht. Aufgrund der einsetzenden alliierten Luftangriffe auf deutsche Industrie- und Raffineriestandorte sah es mit der heimatlichen Energieversorgung trist aus. Die Werke im „Altreich“ (Deutschland) gerieten immer mehr in Bedrängnis und so wurde das „Donau Chemie-Werk“ bei Moosbierbaum-Pischelsdorf in den „Alpen- und Donaugauen“ (dem heutigen Österreich) Hoffnungsträger für den Fortbestand des „Tausendjährigen Reiches“.
Die neue Methode erlaubte die Produktion großer Mengen von tauglichem Flugbenzin, auch wenn die Rohstoffe knapp wurden. Man setzte wie erwähnt auf das Hydroforming-Verfahren, das von der „I.G. Leu-

Bilder aus der Vergangenheit: in der Werksküche.

Wir untersuchen auf dem einstigen Fabriksgelände viele noch immer vorhandene Betonbauten. Aussagen über ihren Verwendungszweck sind uns derzeit nicht möglich.

Eine Panne des betriebseigenen Autobusses.

na“ entwickelt worden war. Das Werk arbeitete effizient und sorgte für beachtliche Auslieferungsmengen.
Im Verlauf des Kriegs waren etwa 6000 Arbeiter auf dem Areal in Moosbierbaum beschäftigt, darunter eine große Anzahl von Fremd- und Zwangsarbeitern aus insgesamt 25 Nationen. Für die deutschen Angestellten im Werk und ihre Familien wurden auch soziale Einrichtungen ins Leben gerufen. Bei Erpersdorf sollte eine große, mustergültig ausgeführte Wohnstadt entstehen. Es wurde ein eigener Omnibusbetrieb eingerichtet; eine effiziente Großküche sorgte für das leibliche Wohl tausender Arbeiter, die unentwegt für den „Endsieg“ arbeiteten. In der eigenen Werkszeitung *Donauwerber* wurden Geburtstage von Betriebsangehörigen und Feiern mitgeteilt. An verdiente Mitarbeiter wurden goldene Vierfarbenstifte der I.G. Farben ausgegeben. Das Werk zeigte sich nach außen wie ein großer Familienbetrieb; hinter den Kulissen bot sich jedoch ein ganz anderes Bild.

Verbrechen

Die aus dem Osten herangeschleppten Zwangsarbeiter, die im Werk nach und nach integriert wurden, wurden massiv ausgebeutet – ein Verbrechen, bei dem sich das Unternehmen mitschuldig machte. Später wurden auch KZ-Häftlinge aus dem Stammlager Mauthausen eingesetzt, die angeblich nicht in den Produktionsprozess involviert wurden, sondern nach Bombenangriffen Blindgänger entschärfen und den Bombenschutt wegräumen mussten. Um die Gefangenen besser zu kontrollieren, wurden diese in einem alten Gebäude noch aus der Zeit der k. u. k. Pulverfabrik untergebracht, das fortan „Judentempel“ genannt wurde. Zu den unmenschlichen Arbeiten im Werk wurden weiters Strafgefangene aus der Haftanstalt Stein in das Werk Moosbierbaum überführt.
An der Stelle, wo sich das „Fremdarbeiterlager“ befand, erstreckt sich heute die Firma „Schildecker“.
Gegen Ende des Krieges wurde das Leben für die Zwangsarbeiter im Werk immer mehr zu einer Tortur. Die kriegsbedingt im Betrieb aufkommenden Verschärfungen ließen Widerstandszellen entstehen.
Auch die häufigen amerikanischen Luftangriffe und die damit verbundenen Zerstörungen lasteten auf der Belegschaft. Es kam zu Unmutsäußerungen und sogar zu Sabotageakten. Je näher die Front rückte, desto öfters waren Auflösungserscheinungen zu bemerken. Kurios ist folgender Entlassungsbeleg, der einem Angestellten des Betriebes unmittelbar nach dem Krieg (!) vorgelegt wurde (zu sehen im Heimatmuseum Zwentendorf): *Lösung des Arbeitsverhältnisses, 26. Mai 1945. Sie haben vor dem Einmarsch der Roten Armee Ihren Arbeitsplatz verlassen und sind nicht auf denselben zurückgekehrt. Wir sahen uns daher veranlasst, Sie aus unseren Diensten zu entlassen. Donau Chemie Aktiengesellschaft. Die öffentlichen Verwalter (Unterschriften).*

Ausbeutung im NS-Staat: Ankunft von Zwangsarbeitern. Insgesamt arbeiteten in Moosbierbaum Angehörige von 25 Nationen.

Spurensuche heute.

NS-Kundgebung zum 1. Mai, dem „Feiertag der Nation".

Den amerikanischen Luftstreitkräften war es wichtig, die Treibstoff-, Energie- und Waffenproduktion Hitlerdeutschlands zur Gänze auszuschalten. So galt für die 15. US-Luftflotte verstärkt das „Target", das Werk Moosbierbaum ins Visier zu nehmen. Siebzehnmal öffneten sich gegen Ende des Krieges die Bombenschächte der schweren Bomber über der *Oil Refinery,* die ihrerseits pausenlos Öl, Treib- und Werkstoffe für den Weiterbestand des „Dritten Reichs" produzierte. Zwischen dem 26. Juni 1944 und dem 16. März 1945 warfen die *Bomber-Groups* über 23.000 Bomben über dem Zielgebiet Moosbierbaum ab. Den Berichten der *U. S. Air Force* ist zu entnehmen, dass die abgeworfene tödliche Last rund 5.000 Tonnen betrug. Auf Luftbildern, die nach den Angriffen entstanden waren, gleichen das Werksareal und die Felder zwischen Moosbierbaum, Pischelsdorf und Zwentendorf einer Kraterlandschaft.

Das Gebiet rund um Moosbierbaum wurde durch mehrere Flakabteilungen gesichert. Insgesamt schützten knapp 20 schwere Flak-Batterien mit über 100 Geschützen flächendeckend das Areal. Gürtelförmig angelegt, standen die ausgebauten Flakfestungen mit weit reichenden Kanonen vom Kaliber 8,8 cm bis 12,8 cm um den Raffineriekomplex. Die hartnäckige Verteidigung dieses kriegswichtigen Standortes forderte bei den Angreifern einen hohen Blutzoll. Die Verluste der 15. US-Luftflotte waren erheblich, wie diese aus dem MACR *(Missing Air Crew Report)* zu ersehen sind: Bei jedem Angriff verloren die Amerikaner mehrere Flugzeuge. Sie explodierten direkt über dem Werk bzw. gingen in den Feldern des Umlandes zu Bruch. Größere Wrackteile wurden geborgen, kleinere Flugzeugtrümmer blieben liegen und wurden erst Jahrzehnte später aus den Feldern gezogen. In einer Vitrine im Heimatmuseum von Zwentendorf sind einige verbogene und zerbeulte Kleinteile von abgeschossenen Flugzeugen zu sehen.

Beim Großeinsatz gegen Moosbierbaum vom 26. Juni 1944 – an diesem Tag wurden insgesamt 43 US-Maschinen als Verlust gelistet – starben etliche Besatzungsmitglieder. Gefallene US-Piloten wurden auf dem Friedhof in Tulln bzw. auf den Friedhöfen kleinerer Ortschaften in der Umgebung bestattet. Jahre nach dem Krieg wurden diese Toten, die in fremder Erde ihre letzte Ruhestätte gefunden hatten, exhumiert und nach Amerika überführt. Die konzentrierten Bombenangriffe kosteten stets Menschenleben, die genau verzeichnet wurden. Im Werk selbst wurde nach kurzzeitigen Produktionsausfällen und der Behebung der laufenden Zerstörungen stets das von der NS-Führung angeordnete „Endsieg-Programm" wieder aufgenommen. Neben der peniblen Auflistung der Gebäudeschäden wurden nach jedem Luftangriff die Gefallenen in Listen eingetragen; sämtliche Werksangehörige, dazu zählten auch Fremd- und Zwangsarbeiter, Kriegsgefangene und KZ-Häftlinge,

Nach einem Luftangriff versuchen die Fabrikarbeiter mit allen zu Verfügung stehenden Mitteln die Brände zu löschen.

In diesem Betonhaus standen starke Winden, die den Donauschotter aus dem Boden zogen. Er wurde zum Bau weiterer Fabrikanlagen benötigt. Heute fahren wir mit einem Boot auf dem Baggersee.

Die Werksanlage von Moosbierbaum nach einem Bombenangriff.

Seite 139: Im Unterholz befinden sich mehrere Eingänge zu Regelbauten des LS-Programms.

wurden registriert. In den diversen Schadensberichten wurden die abgeworfenen Bomben und Blindgänger sowie diverse Behälter, die mit Brand- und Petroleum-Gel gefüllt waren, gezählt. Werksangehörige erhielten dazu Bestimmungszettel, die genau auszufüllen waren. Im Heimatmuseum Zwentendorf sind solche Belege zu sehen.

Die Luftschutzdeckungsgräben

Im Frühjahr und Sommer 2012 inspizierten wir das gesamte Gelände rund um das Chemiewerk. Wir durchwanderten die Windschutzgürtel und durchsuchten einen beachtlichen Teil der hier angrenzenden Donauauen. Bei der ersten dieser Inspektionstouren wurden wir von hier arbeitenden bzw. wohnenden Personen begleitet. Thomas Gruber und Christian Grübl zeigten uns einige hier noch vorhandenen Reste von Bauwerken und Splitterschutz-Deckungsgräben.

Beim Einsetzen des Alarms und bei den darauf folgenden Bombenangriffen suchten die Angestellten des Werkes in diesen LS-Deckungsgräben Schutz. Hier verbrachten sie die Zeit des Bangens, in der Hoffnung, dass keine der vom Himmel fallenden Bomben ihren Schutzgang treffen würde.

Diese Splitterschutz-Deckungsgräben sind in der Region fast alle nach demselben Muster errichtet worden: Treppen führen meist von zwei

Vermessungsarbeiten in den Splitterschutz-Deckungsgräben. Eine genaue Plandarstellung ist für den Forscher unumgänglich.

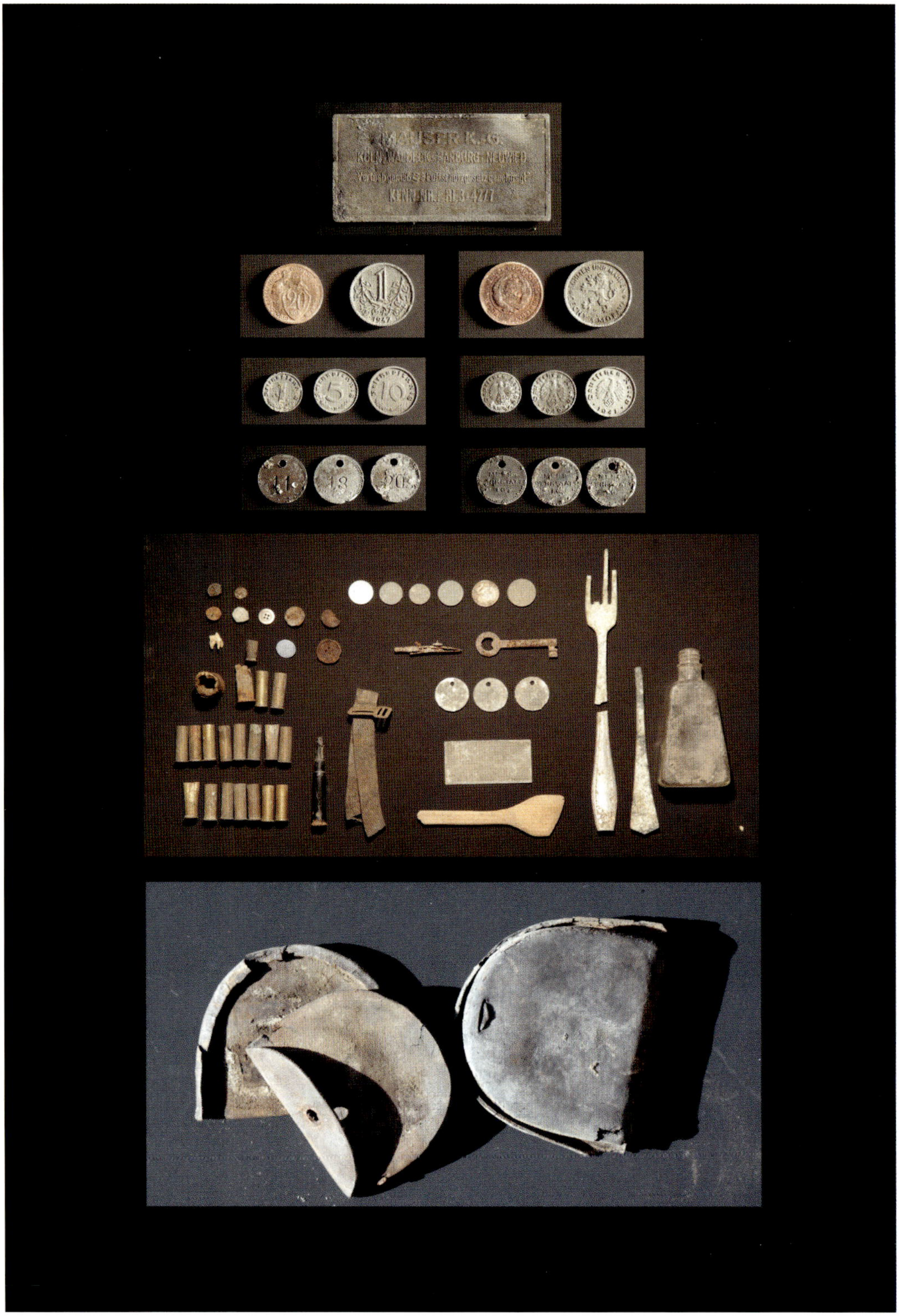

In einem der Splitterschutz-Deckungsgräben finden wir eine Geldbörse. Ein sensationeller Fund, da sich in ihr neben Münzen auch noch Essensmarken des Unternehmens befinden.

Die Eingänge und Zustiege zu den Luftschutzanlagen sind oft mit Schutt gefüllt.

Jeder noch so kleine Teil weckt unser Interesse.

Fundgegenstände nach der Reinigung. Hier findet sich von der großen Granathülse eines Flakgeschützes bis zum „Bomben-Windrad" alles, was vom Himmel gefallen ist oder hier einfach weggeworfen wurde.

Seiten zu einem Vorraum, der in einem 90-Grad-Winkel in das weitere Innere des tunnelähnlichen Betonganges führt. Die Gesamtlänge der einzelnen Schutzgänge war unterschiedlich, variantenreich der „Inhalt“ der einzelnen Deckungsgräben: Bei einigen sind Spuren von Bombenschäden zu bemerken. Wir entdecken den Kadaver eines Rehs mit abgeschnittenem Kopf. Im Lichte unserer Taschenlampen sichten wir an einer Betonwand den Vermerk: *„Alarm 15 I 45“* Wir finden eine Zeitung aus dem Jahre 1945. In einem der Objekte liegen die aus Aluminium gefertigten Augenglasringe von vielen bereits verrotteten Gasmasken. Neben den für die Wandbefestigung von Feuerlöschern notwendigen Grundplatten finden sich verkohlte Dokumente.
Kleine, einer Schiffsschraube ähnelnde Schaufelräder in zwei verschiedenen Varianten entpuppen sich nach einer späteren Bestimmung des Entminungsdiensts als Bestandteile von amerikanischen Fliegerbomben. Diese Sicherungsräder hatten die Funktion, sich nach dem Abwurf zu drehen. Beim Erreichen einer bestimmten Fallgeschwindigkeit lösten sie sich vom Bombenkörper. Das hatte zur Folge, dass nach dem Abspringen des Schaufelrades die Bombe scharf wurde. Diese abgefallenen Sicherungen lagen danach auf den Feldern verstreut herum. Die Bauern sammelten die lästigen Eisenteile zum Schutz ihrer teuren Erntemaschinen später ein und warfen sie in die offenen Eingänge der LS-Deckungsgräben.
Es war für uns erstaunlich, welche große Vielfalt an Hinweisen auf die Bombenangriffe noch vorhanden war. Bei weiteren Sondierungen des umliegenden Geländes konnten leere Granathülsen sichergestellt werden. Weiters fanden wir in einem der untersuchten Bunker Münzen, einen Holzpantoffel und einen Lippenstift. Ein besonderes „Highlight“ unserer Erkundungstouren war der Fund eines offensichtlich verloren gegangenen Portemonnaies, dessen Inhalt einer kleinen Sensation glich. Im Inneren der fragilen ledernen Geldbörse lagen noch ein paar Münzen, darunter auch aus dem Protektorat Böhmen und Mähren (Koruna) und aus der Sowjetunion (Kopeke). Weiters lagen darin ein paar Essensmarken mit dem Vermerk *„Montage Abt. I.G.-Farben“*.
Bei den Recherchen zur Geschichte der Donau-Chemie heben wir im Heimatmuseum Zwentendorf einen Akt aus, aus dem hervorgeht, dass man bereits im Mai 1941, laut einer Zusendung von der „Reichsgruppe Industrie-Werkluftschutz“ (Wien 3., Schwarzenbergplatz 4 – „Haus der Industrie“), mit feindlichen Fliegerangriffen rechnete. Um sich dagegen zu schützen, schrieb man den verschiedenen Baulichkeiten im Werk eine Splitterschutzeinrichtung vor. Dementsprechend wurden auch etliche LS-Deckungsgräben ausgehoben. Nicht alle wurden nach dem Krieg abgebrochen bzw. zugeschüttet, sodass wir während unserer Feldforschungen 2012 noch viele finden konnten. Einige tragen noch über dem Treppenabgang die ursprüngliche Nummerierung. So konnten die Anlagen „24“ und „25“ identifiziert werden.

LS Splitterschutzdeckungsgraben
A-3435 Pischelsdorf

Objekt 3

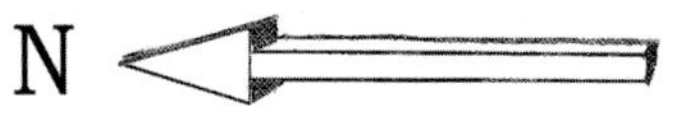

0 3m

Grundriss 1:50

Planaufnahme: R. Bouchal, F. Krepler
Plan: R. Bouchal
Mai 2012

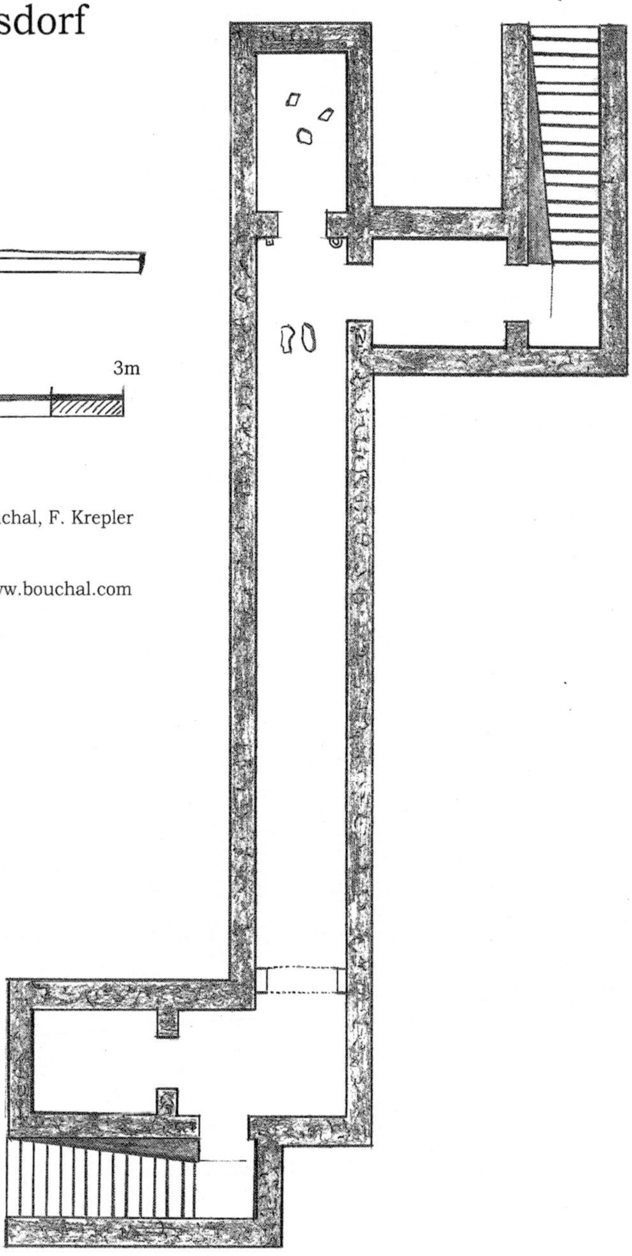

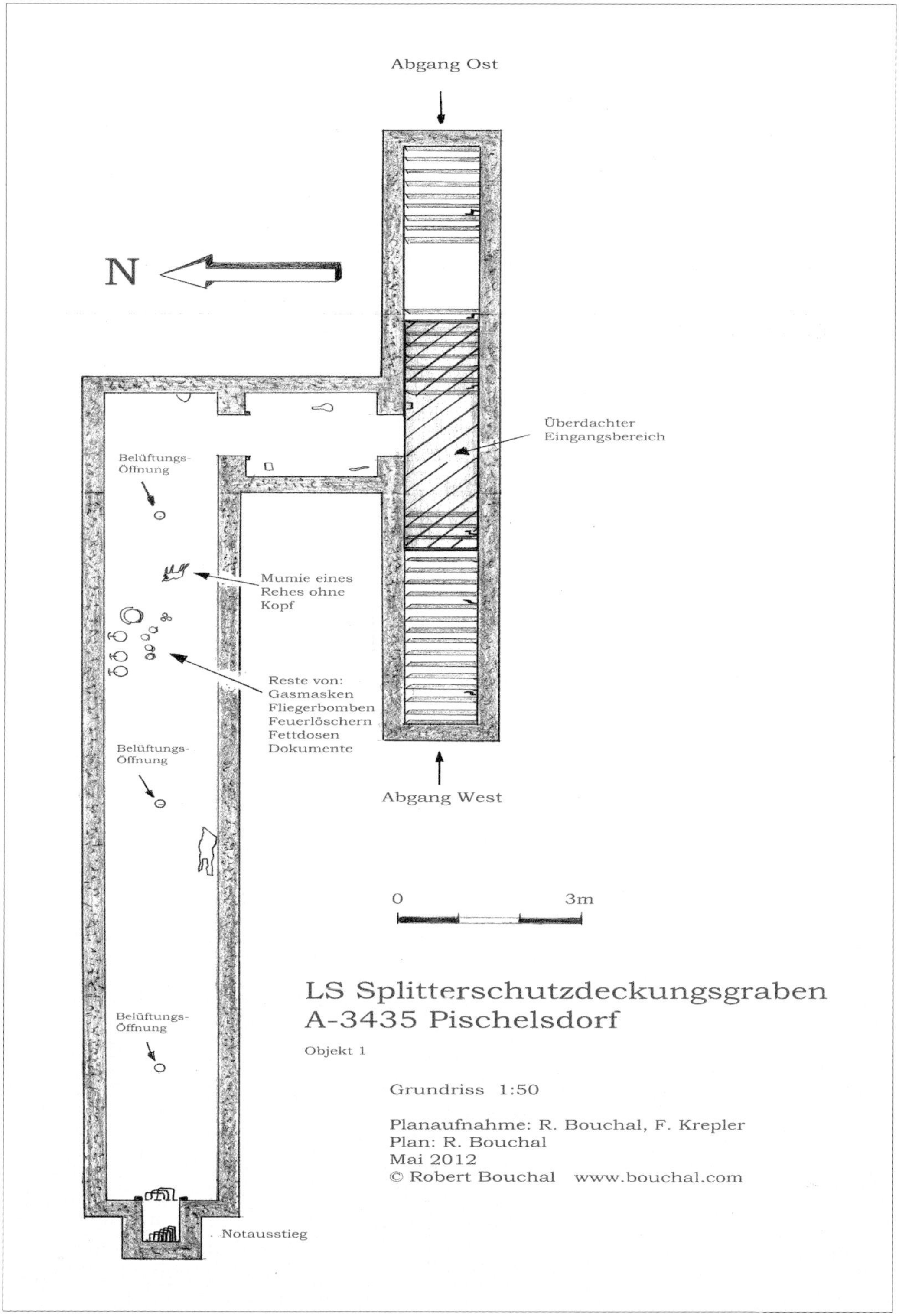
Abgang Ost
N
Überdachter
Eingangsbereich
Belüftungs-
Öffnung
Mumie eines
Rehes ohne
Kopf
Reste von:
Gasmasken
Fliegerbomben
Feuerlöschern
Fettdosen
Dokumente
Belüftungs-
Öffnung
Abgang West
0
3m
LS Splitterschutzdeckungsgraben
A-3435 Pischelsdorf
Objekt 1
Belüftungs-
Öffnung
Grundriss 1:50
Planaufnahme: R. Bouchal, F. Krepler
Plan: R. Bouchal
Mai 2012
© Robert Bouchal www.bouchal.com
Notausstieg

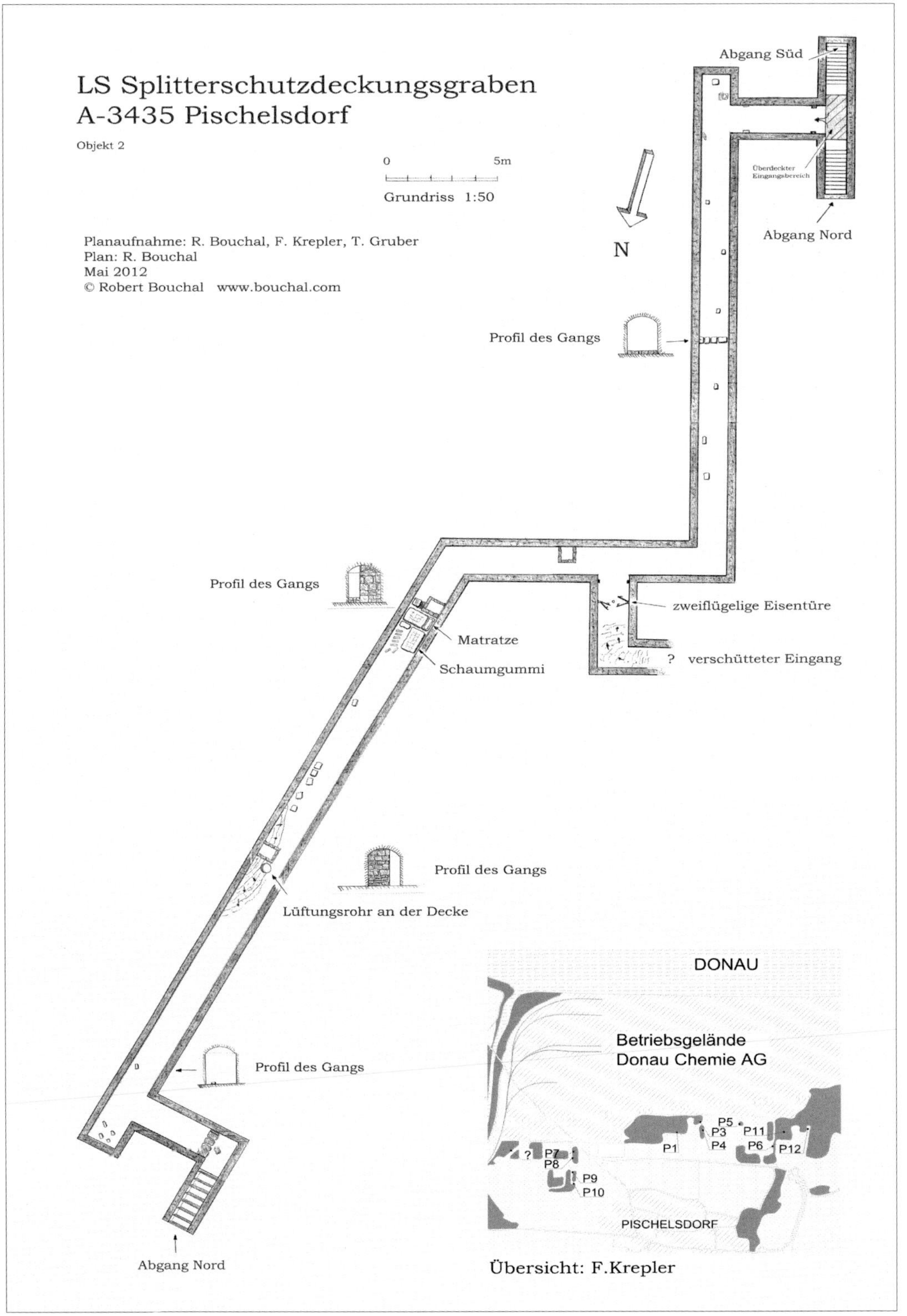
LS Splitterschutzdeckungsgraben
A-3435 Pischelsdorf
Objekt 2
0
5m
Grundriss 1:50
Planaufnahme: R. Bouchal, F. Krepler, T. Gruber
Plan: R. Bouchal
Mai 2012
© Robert Bouchal www.bouchal.com
N
Abgang Süd
Überdeckter Eingangsbereich
Abgang Nord
Profil des Gangs
Profil des Gangs
zweiflügelige Eisentüre
Matratze
Schaumgummi
? verschütteter Eingang
Profil des Gangs
Lüftungsrohr an der Decke
Profil des Gangs
Abgang Nord
DONAU
Betriebsgelände
Donau Chemie AG
P5
P3
P11
P1
P4
P6
P12
?
P7
P8
P9
P10
PISCHELSDORF
Übersicht: F.Krepler

1944 wurde infolge des „Mineralölsicherungsplanes" von Edmund Geilenberg reichsweit der Bau von besonders massiven Luftschutzbunkern angeordnet, die auf dem Areal von schützenswerten Industriestandorten zu errichten waren. Die dafür entworfenen sogenannten „Salzgitter-Bunker" (benannt nach der gleichnamigen Stadt in Deutschland) hatten eine Betonwandstärke von rund zwei Metern. In Moosbierbaum wurden einige dieser Spezialbunker platziert. Zwei davon sind noch vorhanden. Da sich einer von ihnen auf dem abgeschlossenen Grundstück der heutigen Firma befindet, ist firmenfremden Personen der Zutritt untersagt. Ein weiterer dieser großen, mit gewölbter Decke gefertigten Bunker befindet sich direkt hinter dem Zaun des heutigen Kraftwerkes Dürnrohr. Er ist doppelt so groß wie die ansonst üblichen „Salzgitter-Bunker". Diese Anlagen werden heute als Depoträume genutzt. Insider berichten, dass im alten Bunker (Werk Pischelsdorf) ein ausrangierter Mähdrescher und ein Autobus ein stilles Dasein fristen. Was sich im Bunker Dürnrohr befindet, entzieht sich bis zur Stunde unserer Kenntnis.
Einige der vielen Luftschutzdeckungsgräben wurden von Robert Bouchal und Felix Krepler vermessen.

Fundliste (Auswahl aus verschiedenen Begehungen 2012)

· Portemonnaie/Geldbörse (Inhalt):
Münzen: Protektorat Böhmen und Mähren „1 „Koruna" (1942)
Sowjetische „20 Kopeken" (1931)
Verschiedene Reichspfennige („Deutsches Reich")
Essensmarke: „Montage Abt. I.G.-Farben"
· Gasmasken
· Halterung für Feuerlöscher
· Schuhe
· Teile von US-Bomben: Bombensplitter
Teile von der Zündvorrichtung
Kopfzünder, Windräder
Leitwerk
· Drei Kartuschen der deutschen 3,7-cm-Pak (Panzerabwehrkanone)
· Stabilisierungsflossen einer russischen Werfergranate

Der Weg in die Gegenwart

Sofort nach dem Ende des Krieges wurde das Werk von den Sowjets übernommen, wobei zunächst umfangreiche Demontagearbeiten vorgenommen und Maschinen in den Osten abtransportiert wurden. Bald wurden die beschlagnahmten Anlagen von den Russen wieder in Betrieb genommen. Nach dem Abzug der sowjetischen Besatzungsmacht im Jahre 1955 wurde die Raffinerie der ÖMV übergeben. Im Jahre 1960 wurde dem ursprünglichen Besitzer, der „Donau Chemie", das

Areal des früheren „Nordwerkes" zurückgegeben, zuvor wurden etliche Produktionsteile abgebaut. Nutzlose und baufällige Gebäude und Hallen wurden abgetragen, um neuen Produktionsstätten Platz zu machen. Hier befindet sich die heutige moderne „Donau Chemie", die sich nach wie vor auf chemische Produkte spezialisiert hat. Gegenwärtig werden dort Düngemittel, Gipsplatten, Latex und Schwefelsäure hergestellt. 2012 wurden im westlichen Bereich Fundamentreste der alten Magnesium-Schmelzanlage zugeschüttet, um einer modernen Bio-Ethanolanlage Platz zu machen, in der nun Bio-Sprit produziert wird. Beim einstigen Baggersee ist noch das große betonierte Aushubbauwerk verblieben, das heute im romantischen Ambiente der grünen Donauau ein futuristisches Flair ausstrahlt.
Auf dem Gelände des ehemaligen „Südwerkes" befindet sich heute das 1981/82 errichtete Wärme/Kohle-Kraftwerk Dürnrohr.
Die Errichtung dieses zeitgemäßen Energieerzeugers hat eine Vorgeschichte: Nachdem bei der Volksabstimmung im Jahre 1978 von der österreichischen Bevölkerung der Baustopp und die Nichtinbetriebnahme des Atomkraftwerkes Zwentendorf durchgesetzt wurde, suchte man nach einer Alternative. So wurden bald die Weichen für den Bau eines „sauberen" Wärmekraftwerkes gestellt. Als Standort wurde von der EVN und dem VERBUND – beide Unternehmen betreiben heute in Dürnrohr jeweils einen Kraftwerksblock – die große brachliegende Fläche der alten „Pulverfabrik" auserkoren. Bei der Vorbereitung des Baues wurden die verbliebenen Ruinen abgerissen, der dekontaminierte Boden auf mehrere Meter abgetragen und der anfallende Schutt zu einem hohen Erdwall am nördlichen Rand des Areals aufgeschüttet; alte Rückstände von Erdölderivaten wurden abtransportiert und verbrannt. Auf einer frei gebliebenen großen Fläche, gleich neben dem Wärmekraftwerk, befindet sich seit 2001 eine Golfanlage. Das Einzige, das an die vergangene Zeit erinnert, ist das Portierhaus aus der Gründerzeit.

Recherchen im Heimatmuseum Zwentendorf

Im Heimatmuseum Zwentendorf lagern einige sperrige Objekte, die im Lauf der Zeit hier eingelangt, jedoch noch nicht archiviert worden sind. Verstaubte Gasmasken, ein ramponierter Wehrmachtshelm und Gasmaskenbehälter warten neben Radiogeräten, Stromzangen und weiteren Utensilien auf eine Registrierung im Museumsbestand. Bemerkenswerte Funde aus dem Zweiten Weltkrieg befinden sich aber in den oberen Stockwerken des Hauses. Der engagierte Museumsleiter Richard Richter hat hier in Kästen und Stellagen Erinnerungsstücke und Dokumente aus dem Werk Moosbierbaum gesammelt und verwahrt. Wir hatten die Möglichkeit, uns diesen Fundus näher anzusehen. In einem Fotoalbum ist der Besuch von Bundeskanzler Kurt Schusch-

Fotos und Erinnerungsstücke im Heimatmuseum Zwentendorf.

nigg in der *Pulverfabrik am 26. Oktober 1937* festgehalten. Wenn hoher Staatsbesuch in diesem Musterbetrieb angesagt war, dann wurden stets Alben angefertigt. So existiert auch ein Album, das anlässlich des *Betriebsappells und der Grundsteinlegung am 24. II. 1939 im Werk Moosbierbaum der Pulverfabrik Skodawerke Wetzler A.G.* entstanden ist. Fotos mit Hakenkreuzemblemen, geschmückten Fabrikgebäuden, uniformierter Partei-Prominenz und SA-Männern zieren dieses Erinnerungsstück.

Akten aus Moosbierbaum

Vor rund zehn Jahren sichtete Kustos Richard Richter auf Einladung der Zentrale der Donau-Chemie in Wien 3., Am Heumarkt, die noch verbliebenen Aktenordner des ehemaligen Werkes Moosbierbaum, die aus Platzgründen skartiert werden sollten. Aus dem dortigen Keller „rettete“ er rund 50 Ordner voll mit Plänen und Dokumenten, die er in das Heimatmuseum Zwentendorf überführen ließ. Hier verblieb dieses zeithistorisch spannende Konvolut, in das seither kaum jemand einen Blick geworfen hat. Wir waren die Ersten, die in diese Sammlung Einsicht nehmen durften.

Im Ordner „Luftschutz“

Auf den vergilbten Plänen sind diverse Detailzeichnungen von Deckungsgräben abgeheftet, die im Konstruktionsbüro gezeichnet wurden. Es sind hier die typischen Splitterschutzbauwerke mit ihren Bewehrungen und Konstruktionen gesammelt.
In dem interessanten Schriftverkehr findet sich auch ein Dokument, dem zu entnehmen ist, dass schon unmittelbar nach dem Beginn des Zweiten Weltkrieges detaillierte Anordnungen bezüglich des Baues von Luftschutzbauwerken ausgegeben und besprochen wurden. So sind in einem Schreiben vom 13. September 1939 – zehn Tage nach der Kriegs-

Vor dem Bau eines Bunkers wurden genaue Armierungspläne erstellt. Betoneisen sollten dem Bauwerk den richtigen Halt verleihen.

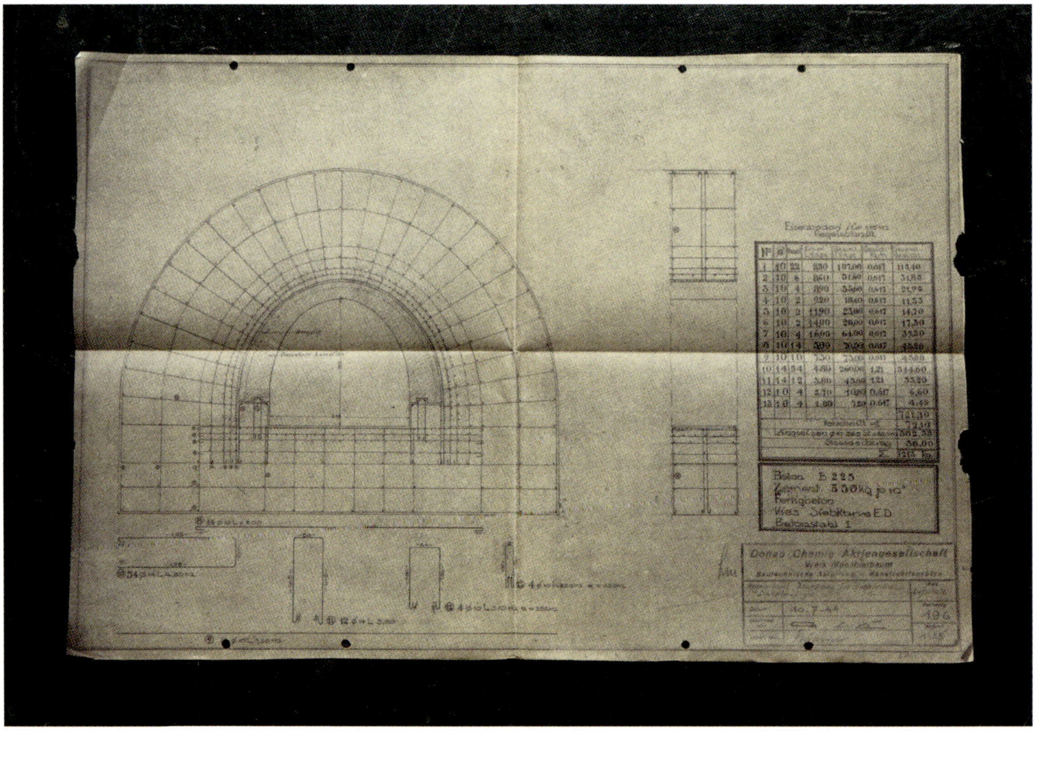

erklärung Englands und Frankreichs an Deutschland – von der „Werkluftschutz-Bereichsvertrauensstelle Ostmark, III., Lothringerstr. 12“ bauliche Details über einen geplanten LS-Sonderbau festgelegt worden. So wurde etwa bestimmt, wo sich die Gastüren befinden sollten und wie viele Klosette notwendig waren.
Auch sind Zeichnungen der beiden gegen Ende des Krieges gebauten Spezialbunker im Ordner, wo z. B. auch die „Zweiflügelige Stahltüre für Salzgitter-Bunker, Typ 2“ aus dem Jahre 1944 festgehalten ist. Diese Pläne tragen den Vermerk „Arbeitsstab Geilenberg“ – Edmund Geilenberg (1902–1964), „Generalkommissar für Sofortmaßnahmen“ im Ministerium von Albert Speer, hatte den „Mineralölsicherungsplan“ entwickelt, ein reichsweites Förderungsprogramm, das gegen Ende des Krieges noch einmal alle Kräfte mobilisieren sollte, um die Treibstoffversorgung zu sichern. Der Bau aufwändiger und massiver „Salzgitter-Bunker“ blieb nur wichtigen Betrieben vorbehalten.
Als besonderer Fund in diesem reichhaltigen Archiv ist auch eine große zusammengefaltete Luftlagekarte zu nennen.

Im Ordner „Abwehr“

Im prall gefüllten Aktenordner mit der Aufschrift „Abwehr“ ist die Korrespondenz des Hydrierwerkes mit der „Abwehrstelle im Wehrkreis XVII, Stubenring 1“ gesammelt. Seinerzeit waren das streng geheime Unterlagen, die in einem Panzerschrank verschlossen waren. Alle Dokumente mit dem Vermerk „Geheim“ sollten natürlich nicht in „Feindeshand fallen“. Im Sinne wehr- und staatpolitischer Belange im Dritten Reich war natürlich der Umgang mit bestimmten Anweisungen rigoros geregelt. Es liegt nahe, dass einem kriegswichtigen Betrieb wie der „Donau-Chemie“ laufend „Abwehrpläne“ mit bestimmten Reglements und „mitgeliefertes Belehrungsmaterial“ vorgelegt wurden, an die sie sich laut „§ 88 des Reichsstraf-Gesetzbuches (Fassung vom 24. April 1934)“ zu halten hatte.
Die Direktion und ausgesuchte Mitarbeiter wurden, wie aus eingesehenen Akten hervorgeht, zu „Abwehrbesprechungen“ eingeladen. Spezielle Rundschreiben aus der „Abwehrstelle“ erreichten das Werk; für die Firma wurde ein eigener „Abwehrbeauftragter“ (Abwb) gewählt. Dieses Amt wurde dem Direktor Dr. Wintersberger überantwortet.An Firmen wurden Geheimhaltungsbestimmungen der Kategorien A–D ausgegeben, die bei der Übernahme von Wehrmachtsaufträgen zu beachten waren. Es ging auch darum, wie ein geheimer Schriftverkehr in Kuverts zu verwahren, zu kennzeichnen und zu versenden war. Ebenso unterlag die Korrespondenz mit dem „neutralen Auslande“ (gemeint ist Frankreich) strengen Vorgaben. Im Oktober 1940 erging ein Schreiben von der Abwehr an das Werk, worin noch einmal an den „Auslandstelegrammverkehr“ (laut Verfügung des Oberkommandos der Wehrmacht)

Wiederaufbau mit Gedenkfeier: Einweihung eines Mahnmals für die getöteten Widerstandskämpfer im Jahre 1946 (inzwischen wieder abgetragen).

erinnert wurde, denn es sei *in letzter Zeit wieder vorgekommen, dass Firmen und Einzelpersonen, die im Auslandstelegrammverkehr zugelassen sind, Telegramme privaten Inhaltes zur Aufgabe brachten.* Das war natürlich verboten. Interessant ist auch ein Schreiben vom 20. April 1944, worin – gemäß einem Rundschreiben (Nr. 16/44 vom 31. März 1944) – auch die Firma aufgefordert wird, bestimmte Rundschreiben aus der Vergangenheit (seit 1939) mit einem „Zerreißwolf" zu vernichten.

In den vielen Ordnern des Museums mögen sich noch andere zeithistorisch wertvolle Dokumente befinden. Es würde sicherlich mehrere Monate dauern, sich durch das Konvolut durchzuarbeiten. In der Sammlung sind bestimmt noch viele „Schätze" der Vergangenheit zu heben. Wir konnten aufgrund des Zeitplanes nicht alles sichten.

Werfen wir noch einen Blick in die Schausammlung des Museums, um die Jahre der unmittelbaren Nachkriegszeit anzuführen: Teile eines heute nicht mehr existierenden Denkmals, das am 4. Mai 1946 am Werksgelände errichtet wurde, erinnern an die 46 in der NS-Zeit getöteten österreichischen Freiheitskämpfer aus dem oberen Tullnerfeld. Der österreichische Bundeskanzler Leopold Figl enthüllte gemeinsam mit dem russischen Direktor Oberleutnant Zanajeff den Gedenk-Obelisken. Auf den dort angebrachten Tafeln standen die Namen der im KZ Mauthausen getöteten Mitglieder der Widerstandsbewegung. Das Denkmal wurde später abgerissen, da es nach der sowjetischen Besatzungszeit scheinbar obsolet geworden war und im Weg stand. Einige

der Namensschilder wurden jedoch wohlwissend aufgehobenen und dem Heimatmuseum überantwortet.
Ende März 1945 formierte sich die Rote Armee, um in weitreichenden Bewegungen auch das Tullnerfeld in Besitz zu nehmen. Anfang April setzte sich die Leitung des Werkes rechtzeitig nach Westen ab, wo sie sich in Linz den Amerikanern stellte. Der Flüchtlingszug konnte dabei an schon vorher bestimmten Plätzen Benzin fassen. Es waren dies geheime Kleinlabors entlang der Donau, beispielsweise in Rossatz, wo bis zuletzt Benzin hydriert wurde. Ein dem Konvoi angeschlossener Schleppkahn, gefüllt mit Treibstoff, wurde den Alliierten als „Einstandsgeschenk“ übergeben, die das Präsent gerne entgegennahmen. So wurden von der umsichtigen Werksleitung schon Pläne für die Zukunft geschmiedet.
Die sowjetischen Truppen waren inzwischen in Abwehrkämpfen rund um Tulln gebunden, da die Flakbatterien rund um das Werk konsequenten Widerstand leisteten, vor allem die Batterie am Schusterberg. Die jungen Luftwaffenhelfer, die hier im Einsatz waren, hatten den Befehl erhalten: „Bis zum letzten Mann und zur letzten Patrone auf dem Posten zu bleiben!“ Sie wurden nach anfänglich erfolgreichem Widerstand von den Russen eingekesselt und Mann für Mann getötet. Der aufgebotene „Volkssturm“ konnte dagegen keine „Erfolge“ verbuchen; Einheiten der Wehrmacht und SS-Verbände hielten noch vereinzelt Stellungen.

Lebendige Geschichte: Sieg oder Untergang in der Flakfestung

Es verwundert nicht, dass um das kriegswichtige Hydrierwerk Moosbierbaum ein massiver Ring von Flakstellungen angelegt wurde. In der Fachliteratur werden die genauen Batteriestandorte und die Zahl der jeweils eingesetzten schweren Abwehrgeschütze – der „Rohre“ – erwähnt. 1985 veröffentlichte der Schriftsteller Ernst Nöstlinger einen einfühlsamen Tatsachenroman über das Leben der damaligen Luftwaffenhelfer, die an diesem Brennpunkt des Geschehens in die Maschinerie des Krieges gerieten. In *Martin Wimmer und der totale Krieg* geht es um den fünfzehnjährigen Luftwaffenhelfer Martin Wimmer, der zur Flak bei Moosbierbaum eingezogen wurde. Das für Schüler geschriebene Buch schildert die Spannungen zwischen den vorgesetzten Erwachsenen und den jungen, teils rebellierenden, teils loyalen, teils unbekümmerten Burschen. Es erzählt von den ersten erotischen Erlebnissen der jungen Luftwaffenhelfer mit den Mädchen vom „Reichsarbeitsdienst“ (RAD), die bei Moosbierbaum ein Lager haben, und fängt die Emotionen einer Jugend ein, die gefangen ist in einer Welt des totalen Krieges, sich aber dennoch kleine Freiräume schaffen kann. Die anfängliche Begeisterung einiger junger Burschen für das technische Wunder-

Geschützmannschaft an der 10,5-cm-Flak. Am Rohr der Kanone sind die „Abschussringe" zu erkennen.

werk „Flakgeschütz" erlischt bald, es folgen Ernüchterung, Resignation und blankes Entsetzen. Der Tod klopft immer öfter an der Tür: *Am Samstag vormittag gab es Alarm. Der Angriff kam gleich hinterher. Bombengeschwader nach Bombengeschwader dröhnten über sie hinweg. In endlosen Wellen wurden sie mit dem Feuer der tieffliegenden ‚Thunderbolts' und ‚Lightnings' eingedeckt, manche flogen so tief, dass es aussah, als würden sie gleich die steilaufgerichteten Rohre der Geschütze rammen.* (Seite 110)

Die Tragödie nimmt ihren Lauf. Sehr plastisch wird der furchtbare direkte Bombentreffer in der Geschützbatterie „Dora" beschrieben, der mit einem Schlag das Leben der Geschützbedienung auslöscht. Martin Wimmer kriecht nach dem Angriff als Melder mit einem mulmigen Gefühl zu der toten Stellung hin, die kein Lebenszeichen mehr gibt ...

Keine Romanfigur

Wie der Zufall es so wollte, tauchte im Jahre 2012 während der Recherchen ein rüstiger alter Herr auf, ein ehemaliger Luftwaffenhelfer, der während des Krieges in ebendieser Flakstellung gedient hatte. Zu einem Interview eingeladen, erzählte er seine persönliche Geschichte. Josef Markus, Jahrgang 1928, kennt die romanhafte Erzählung Nöstlingers und die darin vorkommenden Protagonisten nicht. Überraschend ist jedoch die Übereinstimmung der realen mit der fiktiven Geschichte: Auch Josef Markus erlebte einen Volltreffer in der Batteriestellung. Folgen wir hier seiner Darstellung:

Als Lehrling wurde er, wie tausend andere junge Burschen, im August 1943 zum Kriegshilfsdienst eingezogen. Die Musterung befand sich in der damaligen Berufsschule „Wimberger" in Wien-Neubau, wo die Ärzte die Tauglichkeitsatteste schrieben. Zu diesem Zeitpunkt war er Kochlehrling in einem Gastronomiebetrieb in der Burggasse. Da sein Vater mit dem Regime nicht konform ging – er arbeitete in den Hammerbrotwerken in Floridsdorf –, durfte Markus nicht in einem „kriegswichtigen" Betrieb arbeiten. So kam er zur Flakstellung Oberbierbaum, zur Einheit „2./185" und bediente eines der dort befindlichen 10,5-cm-Geschütze. Die Holzbaracken der Luftwaffenhelfer waren bei der Stellung halb eingegraben. Von der Berufsschule kamen die Lehrer zweimal in der Woche zu den Batterien, damit die Jugendlichen auch etwas für die Schulbildung machten. Das Leben in der Batterie war eher monoton. Unterhaltung gab es dort nicht wirklich. Sie spielten mit der Harmonika und Gitarren Volksmusik, machten die üblichen Bubenspäße und übten unentwegt die Handhabung der

Einer hat überlebt: Luftwaffenhelfer Markus, 1944 und 2012.

Kriegsgeräte. Laufend wurden sie über die Funktionsweise der Entfernungsmessgeräte und der Kanonen instruiert. Flugerkennungsdienst und Stellungsbau gehörten bald zur Routine. Auch Erfahrungen in ersten Gefechten konnten gesammelt werden. Des Öfteren fuhren sie per LKW zu anderen Stellungen und Geschützen, auch nach Wien zum Flakturm Augarten, um andere Kaliber kennenzulernen. Mit den in Langenrohr eingesetzten Nachrichtenhelferinnen, mit dem Funk- und Telefoniebetrieb hatte Josef Markus nichts zu tun, wie er aus seiner Erinnerung erzählt. Einmal fuhren die Angehörigen der Batterie in die Fabrik bei Moosbierbaum, wo, wie ihnen mitgeteilt wurde, unterirdisch Treibstoff produziert wurde. Dieses wichtige Werk sollten die Luftwaffenhelfer mit ihren Geschützen verteidigen.

Ab Mitte Oktober 1943 wurde er zur Flakstellung Langenrohr-Asparn zur Einheit „2./384“ versetzt. Hier diente er ebenso bei einem 10,5-cm-Geschütz und war als Kanonier K1, K2 und K6 eingeteilt. Die Erfolgsbilanz dieser Batterie waren 17 Abschlüsse, wie man das den aufgemalten Ringen am Kanonenrohr ersehen konnte. Etliche der bekämpften US-Bomber stürzten woanders ab. Die Gefechtsmeldungen kamen laufend von der Messbasis. *Zweimal wurde unsere Stellung direkt mit Bomben angegriffen.*

Josef Markus erzählt seine Erlebnisse aus dem Krieg relativ ruhig und emotionslos. Einmal flog eine Bombe in den Geschützstand 4 (= Dora) und detonierte. Es gab viele Tote. Die Frage, ob er sich als Zeitzeuge nun nach 70 Jahren die Gegend rund um Moosbierbaum ansehen möchte, wir könnten hinausfahren und nach dem Ort der Flakstellung suchen, verneinte er mit einem lapidaren *Kein Interesse! Was soll das bringen?* Der Kontakt mit anderen ehemaligen Luftwaffenhelfern brach schon relativ bald, in den 1950er Jahren, ab. Jeder ging nach dem Krieg

Jugend im Krieg: Luftwaffenhelfer posieren mit Granate.

seinen eigenen Weg und wollte von den damaligen Geschehnissen nichts mehr wissen.
Im Februar 1945, nach abgeleisteter Dienstzeit, wurden die Angehörigen seiner Batterie nach Wien entlassen. Ob dann andere Luftwaffenhelfer die Flakstellungen bei Moosbierbaum bezogen, kann Josef Markus nicht beantworten. Aufgrund der näher rückenden Front wurde er nicht mehr zum RAD, sondern gleich zum „Volkssturm" eingezogen. Kurzausbildung mit der Panzerfaust, Eierhandgranaten. Ausgerüstet mit einem Karabiner 98. Sein Einsatzort: Bisamberg. Er gelangte noch über die Floridsdorfer Brücke, bevor diese gesprengt wurde. Er bekam eine Maschinenpistole in die Hand gedrückt und war an Rückzugsgefechten beteiligt. Nach einer Verwundung landete er in einem Lazarett bei Schlierbach. In der von den Amerikanern besetzten Zone diente er dort in der Küche als „POW" *(Prisoner of War)*. Am 15. August 1945 wurde er nach Hause entlassen.

Das ausgegrabene Geschütz

Im Jahre 1997 wurden in der Ortschaft Langenrohr auf dem Gelände der ehemaligen „Kuhweide", heute ein Sportplatz, die Reste eines alten Flakgeschützes ausgegraben. Was mit den geborgenen Teilen passiert ist, konnte trotz Anfrage an die Gemeinde nicht eruiert werden. Dass es in der Ortschaft im April 1945 zu teilweise heftigen Kämpfen gekommen ist, geht aus der Ortschronik hervor. So schossen am 7. April 1945 deutsche Artillerie und Tiger-Panzer vier sowjetische Panzer ab. Die im „Endkampf" eingesetzte Flakbatterie wurde von den zurückgehenden Verbänden am Vormittag des 8. Aprils 1945 gesprengt.

Unliebsames Erbe: das ausgegrabene Flakgeschütz.

Luftbildarchäologie. 70 Jahre nach Ende des Krieges sind die Bombenkrater noch deutlich zu sehen. Rund 40 Zentimeter unter der Oberfläche blieb die Information über die Detonation deutlich erhalten. Mit der Luftbildkamera erkennen wir erst die Dichte der Bombenabwürfe.

Dachbodenfunde: NS-Propagandamaterial und Flakvisiergerät
Situationsschilderung von Robert Bouchal

An einem Sonntagmorgen war ich wieder zum Forschungsgebiet nahe Tulln unterwegs. Die gesamte Gegend rund um Pischelsdorf hatte es mir sehr angetan. Ich weiß nicht, wie oft ich nun schon hier gewesen bin. Die Spuren des Krieges haben sich hier so deutlich erhalten, dass jeder hier verlebte Tag voller neuer Eindrücke ist. Der Landstraße folgend, sah ich aus dem Augenwinkel bei Asparn einen Mann, der mit seinem Traktor auf dem Feld fuhr. Kurz entschlossen schwenkte ich auf den Feldweg ein, um näher an den Traktor heranzukommen. In Gedanken hatte ich bereits die Idee gefasst, dass jeder Landwirt, der auf den Feldern seine Arbeit verrichtet, beim Umpflügen die Erde von neuem aufwühlt und dadurch, ohne es zu wissen, auch auf Bodenfunde stoßen muss.
Ein erstaunter Blick, ein freundliches Händeschütteln und nach dem Abstellen des lauten Traktormotors folgte ein längeres Gespräch, in dem ich erklärte, warum ich an so einem heißen und schönen Sommertag nicht, so wie die meisten Leute, an einem Teich in der Wiese liege oder schwimmen gegangen wäre. Einer meiner letzten Sätze lautete dann: „... und deswegen möchte ich Sie fragen, ob Sie hier auf den Feldern etwas gefunden haben, was noch aus der Kriegszeit stammt?" Das gefiel dem Herrn, der mit einem breiten Lächeln und dem knappen Satz antwortete: „I bin eh scho fertig. Forn's afoch hinta mia noch!" Gesagt, getan. Er wendete seinen schweren Traktor und ich fuhr ihm nach.
Bei seinem Gehöft angekommen, zeigte er mir einen Berg mit verschie-

„Waffenarsenal": geborgene Relikte aus der Kriegszeit bei einem niederösterreichischen Sammler. Immer wieder kommen auf den Feldern Gegenstände aus dem Krieg zu Tage.

denen Eisenteilen. Er kramte nach einer Granathülse, die er beim Pflügen seines Feldes aus dem Boden gehoben hatte. Er murmelte: „Friara woarn des no füh mehr. Heite is fost nix mehr do.“ Ich hatte wieder einmal Glück. Nach einigen Minuten hielt ich eine schon stark verwitterte 10,5-cm-Granathülse der hier stationierten Flak in den Händen. Überglücklich über diesen Fund, erfahre ich noch weitere Namen von Personen aus der Umgebung, welche möglicherweise auch Kriegsschrott gefunden hätten.

Flakvisier-Gerät: Das Fernrohr 10 x 80 cm ist das letzte Relikt der Flakstellung Langenrohr. Für wenige Augenblicke dürfen wir es untersuchen.

Mein Weg führte mich weiter in den Nachbarort Langenschönbichl. Dort lernte ich einen ganz besonders sympathischen Landwirt kennen. Von diesem erfuhr ich, dass er seine Bodenfunde aus der Region noch aufbewahrt hat. Im Laufe der Zeit hat sich einiges angesammelt. Als ich seinen Fundus vor mir ausgebreitet auf dem Boden liegen sah, staunte ich nicht schlecht: Helme aus verschiedenen Epochen, Bombensplitter, Granathülsen, Gewehre, Bajonette und vieles mehr hatte der Boden im Lauf der Zeit freigegeben.

Viele Personen schweigen bis heute über solche Funde. Sei es die Angst vor einer negativen Abstempelung als Militarist oder die Sorge, dass man durch das Bekanntwerden eines solchen Besitzes als Sammler in ein fal-

FEUERSPRUCH
Die Flamme
lodre durch den Rauch,
begeht den alten heiligen Brauch,
so wird das Herz erhoben.
Die Flamme
reinigt sich von Rauch,
so reinig unsern Glauben,
Dein Licht, wer kann es rauben!
JOHANN WOLFGANG GOETHE
Wer ehrlos ist, ist friedlos – und nur wo ein starkes Schwert den Frieden schützt, kann ein Volk die Güter seiner Arbeit selbst in Frieden verzehren.
Hermann Göring
Frei ist nur das Volk das stark genug ist seine Freiheit zu behaupten
Viel lieber gestritten und ehrlich gestorben, als Freiheit verloren und Seele verdorben
Straßburger Bannerspruch
Je mehr Männer und Frauen sich für den Kriegseinsatz zur Verfügung stellen, desto härter kann der Führer zuschlagen.
Allen gefallen – wollen nur Knechte.
Keinem gefallen – werden nur Schlechte.
Den Besten gefallen – das ist das Rechte!
Mehr tun als die Pflicht befiehlt!
Adolf Hitler ist Deutschland und Deutschland ist Adolf Hitler
RUDOLF HESS
Mehr sein als scheinen – viel leisten und wenig hervortreten
MOLTKE

sches Licht gerückt wird – Fundsammlungen verschwinden so aus dem Sichtfeld der Wissenschaft und der zeitgeschichtlichen Forschung.
Ich bekam noch ganz andere „Stumme Zeugen des Krieges“ zu sehen. Langenschönbichl besaß bis vor kurzem noch eine eigene Volksschule. Diese war mit nur einer Klasse ausgestattet. Im April 2012 wurde diese Schule abgerissen. Tage zuvor räumten einige Personen noch den Dachboden auf. Dabei tauchten Utensilien der NS-Vergangenheit auf, die im Schutz der Dunkelheit Jahrzehnte überdauert hatten: Plakate mit markigen Sprüchen, mit denen bereits die Schüler auf die Ideologie der Nationalsozialisten eingestimmt werden sollten. Es wurde mir berichtet, dass diese tiefbraunen Propagandaplakate während der NS-Zeit im Klassenzimmer gehangen sind.
Mit einer wirklichen Überraschung der sehr seltenen Art wurde meine Neugierde an einem weiteren Tag belohnt. Ich sollte ein Relikt der Flakstellung Langenrohr zu Gesicht bekommen. Unter dem Siegel der Verschwiegenheit erhalte ich die Chance, zwei Stunden lang dieses Kriegsrelikt zu sehen. Sein Besitzer wollte nicht namentlich genannt und auch der heutige Aufenthaltsort des Objektes sollte nicht erwähnt werden. Ich komme am besagten Tag in den Hof eines Landwirts, der vor mir eine große Holzkiste auf den Boden stellt.
Zu dieser Kiste erzählte er folgende Tatsachengeschichte: Als die Russen im April 1945 in Anmarsch waren und die deutschen Soldaten die Stellungen verlassen hatten, herrschte für wenige Augenblicke Ruhe im Ort. Diese kurze Pause nutzte ein neugieriger Mann, der sich zur aufgegebenen Flakstellung Langenrohr begab, um dort das Flakfernrohr 10 x 80 cm zu demontieren. Er packte es in die dort ebenso verbliebene Transportkiste und brachte diesen „Schatz“ mit dem dazugehörigen Stativ schnell zu sich nach Hause. Dort angekommen, versteckte er das wertvolle optische Gerät am Dachboden seines Hauses. Gut behütet und vergessen, hatte es dort seit rund 70 Jahren gelegen. Als ich es für eine Aufnahme zusammensetzen durfte, staunte ich über den tadellosen Zustand. Aus unserer Sicht und nach derzeitigem Wissensstand ist dieses Flakvisiergerät offensichtlich das letzte Relikt der ehemaligen Flakstellung von Langenrohr.
Der Landwirt, der meine hier durchgeführten Forschungsarbeiten sehr begrüßte, erklärte sich bereit, mir einige weitere Stellen mit Spuren des Krieges zu zeigen. Wir fuhren mit meinem Wagen auf Feldwegen östlich des Kraftwerkes Dürnrohr bei Tulln. Dort wird im Sommer 2012 gerade der Aushub für eine Erdgasleitung vorbereitet. Im Vorfeld der Aushebungen werden auf der geplanten Trasse Bodensedimente abgegraben. Dadurch soll verhindert werden, dass Kriegsrelikte wie Bomben oder vergrabene Sprengsätze das schnelle Voranschreiten der Arbeiten an der Gasleitung behindern. Wir stoppten bei dem breiten Band, das sich schnurgerade durch die Felder zog. Neben einigen Funden aus dem Neolithikum werden durch das Abheben der obersten, stark ver-

Dieses Propagandamaterial zierte einst die Klassenzimmer der Schule in Langenschönbichl.

70 Jahre nach dem Abwurf ist die Stelle der Detonation noch deutlich zu erkennen.

witterten Erdschicht die noch immer deutlich zu sehenden Spuren der Bombenexplosionen sichtbar. Die Detonationen haben neben zahlreichen Metallsplittern auch deutliche Spuren im Erdreich hinterlassen! Nachdem wir uns hier genauestens umgesehen hatten, war für mich natürlich eines klar: Hier wollte ich Aufnahmen aus der Luft machen, um die Dichte der hier auftretenden Detonationsspuren noch besser betrachten bzw. zeigen zu können. An mehreren Tagen flog ich nun mit meinen Kameras über der Trasse der zukünftigen Gasleitung. Ich berichtete Marcello La Speranza von diesem Ort, der sich nun auch dorthin begab.

Vom Neolithikum und verlassenen Weinkellern
Ein Situationsbericht von Marcello La Speranza

Im Zuge der Grabungsarbeiten rund um die Verlegung der Erdgasleitungen östlich des Kraftwerkes Dürnrohr bei Tulln besuchte ich immer wieder diese Gegend, um möglichst viele Informationen für dieses Buch zusammenzutragen.
Eine Tour führte zu den Kollegen der Archäologie, die zurzeit auf den Feldern östlich vom Kraftwerk Dürnrohr Grabungen vornahmen. Die Angestellten der „ARDIG" (Archäologischer Dienst GesmbH) suchten nach Spuren der Ur- und Frühgeschichte, die in diesem Abschnitt zu erwarten waren. Noch bevor die Rohre der unterirdischen Gasleitung quer durch die Landschaft verlegt wurden, barg das Archäologenteam die Hinterlassenschaften von Menschen, die vor Tausenden von Jahren hier gelebt hatten.
Über einen Feldweg fuhr ich zur Grabungsstätte der Archäologen. Sie spezialisierten sich wie gesagt auf die Vorgeschichte – zu Recht: Im

fruchtbaren Tullner Becken gibt es kleine Flussläufe, deren Umland prädestiniert als Lebensraum für frühe Kulturepochen war. Ich suchte auf demselben Fleck Erde nach verbliebenen Trümmern des Zweiten Weltkrieges und die Kollegen nach weitaus fragileren Utensilien. Doch waren wir gemeinsam am richtigen Ort: Unter der von den Baufahrzeugen abtgetragenen Erdschicht – etwa 30 cm – kamen nicht nur die rund 7 m im Durchmesser betragenden Bombenringe zu Tage, sondern auch Gräber aus der La-Tène-Zeit. Geborgen wurden die unberührten Knochen eines Kelten, Scherben mit dem typischen Muster, die der „Linearbandkeramik" zuzuordnen sind. Die Fülle der Befunde sprach für eine relativ große Siedlung des Frühneolithikums, die Dichte der Utensilien deutete auf eine mehrphasige Besiedlung hin. Die Auswertung der Funde war noch nicht abgeschlossen. Mag. Michael Raab, der Leiter der Grabung, führte mich durch den Grabungsabschnitt und zeigte mir auch die Fibel aus einem hier gefundenen keltischen Grab. Sämtliche Gebeine wurden geborgen, eine anthropologische Untersuchung stand noch aus. Ein schöner Fund sei auch die feine Schneideklinge, ein Stück „Hochtechnologie" der Urgeschichte.
Auf meine Frage, ob denn auch Funde aus dem Zweiten Weltkrieg geborgen worden seien, kam die Antwort, dass der Entminungsdienst die hier aufgefundenen brisanten Bomben und Granaten relativ rasch entsorgen und von hier wegbringen würde. Die unzähligen lästigen Bombensplitter, die hier zuhauf auftauchten, würden neben den Feldern auf einen markierten Haufen gelegt, um später als Schrott weggeschafft zu werden. Die wollte ich sehen. So konnte ich an diesem Tag vor Ort auch Sachzeugnisse aus der Zeit des Bombenkrieges 1944/45 ausfindig machen: etwa einen rund 70 cm langen, bizarr verformten Bombensplitter, Reste einer Werfergranate und schwere Endstücke von Bombenzündern, die mir später ein Experte des Entminungsdienstes bestimmte. Ein besonders unhandliches, verbogenes und flachgedrücktes Eisenteil entpuppte sich als Leitwerk einer amerikanischen Fliegerbombe.
Am Nachmittag fuhr ich zu den verfallenen Weinkellern von Weinzierl. Ich wollte den Geschichten nachgehen, die die Leuten der umliegenden Dörfer erzählten: In den in den Löß gegrabenen Weinkellern sollen während des Krieges hunderte Personen Schutz vor den Bomben gefunden haben. Bald tauchen entlang der Straße und des kleinen Baches auch die ersten Keller im Gestrüpp an den Hängen der Hügel auf. Diese alten Weinkeller präsentieren sich in einem erbärmlichen Zustand: offene Eingänge, im Inneren verfallene Weinfässer, Schlamm und Moder. Die meisten davon sind recht einfache Keller mit Vorraum und einem länglichen Raum mit gewölbter Decke dahinter. An den Wänden die Spuren, wie der Löß ausgekratzt wurde. Es sind alte, typische Weinkeller aus der Region. Irgendwann haben die Bauern die Weinwirtschaft hier aufgegeben. Im Ort treffe ich eine Bewohnerin, die

Archäologische Grabung im Umfeld der geplanten unterirdischen Fernleitung quer durch das Tullnerfeld.

Die Spezialisten der Ur- und Frühgeschichte sind auf der Suche nach Zeugnissen der La-Tène-Kultur.

In den Feldern werden auch Bombenzünder, -splitter und Reste einer Werfergranate aufgedeckt.

mir Auskunft über die Nutzung der Keller während der Fliegerangriffe geben konnte. Sie führte mich zu einem stattlichen Keller neben der Kapelle, der auch bombensicher wirkte. Teilweise sind dort die Wände gemauert, die Decke ist aus Beton. Es gab auch einen heute zugemauerten Mauerdurchbruch zum Nachbarkeller. Dann erzählt Frau Leopoldine Gutscher, Jahrgang 1941, von den Tragödien, die sich im Ort 1945 abgespielt haben. Sie machte mich auch auf die steinerne Tafel an der Kapelle aufmerksam, die zum „Gedenken an die Zuflucht während der Bombenangriffe in den Jahren 1944–1945" dort „von der dankbaren Bevölkerung von Rust zum Jubiläum im Jahre 1995" angebracht worden war.

Frau Gutscher sperrte mir auch einen Keller auf, an dessen Wänden die Namen und Initialen von Bauleuten aus dem 18. Jahrhundert vermerkt sind. In einer Vorhalle zu einem der großen Keller ist eine alte Gesichtsmaske, der sogenannte „Methusalem-Kopf" aus dem Jahre 1875, eingemauert; er soll vom Anwesen eines Großgrundbesitzers stammen. Dieses grimmige Gesicht habe ein Bauer vor ein paar Jahren ausgegraben. Die an der Geschichte des Ortes interessierte Dame erzählt mir sehr viele persönliche Erlebnisse aus den letzten Kriegstagen: schaurig die Leichen der von den Russen erschossenen deutschen Soldaten, die eines Morgens am Straßenrand lagen. Jahre nach dem Krieg wären noch überall die noch nicht eingeebneten Bombentrichter zu sehen gewesen. Der ätzende Gestank von den chemischen Fässern der künstlichen Vernebelungsanlagen, die rund um das Werk Moosbierbaum gegen Luftangriffe aufgestellt worden waren, sei noch lange in der Luft gehangen. All die Pflanzen seien davon vergiftet gewesen.

Über die kriegsgefangenen Polen, Ukrainer und Weißrussen, die während des Krieges in der Landwirtschaft bei den Bauern arbeiten mussten, hält die Zeitzeugin fest: Dem elterlichen Hof war ein Belgier zugeteilt. Mit ihm stand die Familie auch nach dem Krieg in herzlichem Briefkontakt. 1967 stand er einmal unvermutet wieder vor der Tür. Ein rührender Empfang. Kurios ist der Hinweis von Frau Gutscher auf das ominöse Munitionslager „Isabella", von dem einige wirre Geschichten im Umlauf sind. Während des Krieges war dieses Munitionslager westlich von Moosbierbaum militärisches Sperrgebiet. Ob dort wirklich „V2"-Raketen produziert worden waren? Bewohner der Umgebung munkeln noch heute, dass – wäre diese Anlage getroffen worden – „die Wirkung mit Hiroshima vergleichbar" gewesen wäre.

Ich ging jedenfalls an diesem Tag dem Gerücht um „Isabella" nicht mehr nach, sondern besuchte noch den Friedhof bei Atzenbrugg. Neben dem obligatorischen Kriegerdenkmal für die gefallenen Soldaten des Krieges 1939–1945 steht ein Grabstein, der eine besondere Aufmerksamkeit verdient: „Hier ruhen 33 Ausländer, die während des Weltkrieges 1939–1945 im Bereich des Werkes Moosbierbaum ums Leben kamen."

Nächste Doppelseite: Das umgebaute Firmengelände der „Flugmotorenwerke Ostmark". Heute wird der ehemalige Luftschutzbunker von der Firma „ecoplus" im Industriegebiet Wiener Neudorf genutzt.

ecoplus

IX. Kapitel

„Flugmotorenwerke Ostmark“

Ein Rüstungsgroßbetrieb in Wiener Neudorf

Südlich von Wien, auf dem Gelände des „Industriezentrums Niederösterreich Süd“ in Wiener Neudorf bzw. Guntramsdorf, dehnten sich während des Krieges die Betriebsanlagen der „Flugmotorenwerke Ostmark“ (FOW) aus. Wiener Neudorf war wie so viele Gemeinden im Umfeld von Wien 1938 zu „Groß-Wien“ eingemeindet und zählte zum 24. Wiener Bezirk (Mödling).

Baubeginn war im Jahre 1941; in den FOW sollten am Fließband Motoren für die Flugzeuge der deutschen Luftwaffe hergestellt werden. Auf dem riesigen Werksgelände gab es fast 100 Gebäude, darunter große Fertigungshallen, Tanklager und weitere Betriebsanlagen. Hier wurden fünf Arbeiterwohnlager mit etwa 180 Baracken errichtet. Dazu kam 1943 noch das KZ-Außenlager Guntramsdorf/Wiener Neudorf hinzu. Für Transportzwecke gab es einen Gleisanschluss der Bahn in das Werk. Das ausgebaute Werk in Wiener Neudorf sollte nach Fertigstellung einen Beschäftigtenstand von 25.000 Menschen erreichen. Auf diesem großen Firmenareal wurden sechs große Motorenprüfstände mit Kühltürmen gebaut, in denen die neu gefertigten Motoren vor dem Einbau in die Flugzeuge einem Test unterzogen werden sollten. Ein Langzeittest in Form eines ununterbrochenen Betriebes der Flugzeugmotoren, der sich über Tag und auch über die Nacht erstreckte, sollte sicherstellen, dass die Motoren zuverlässig waren.

Generalbauinspektor Albert Speer wurde vom Reichsluftfahrtministerium mit diesem Mammutprojekt beauftragt. Gebaut wurde das Werk von der „Steyr-Daimler-Puch-AG“, die auch entsprechende Maschinen an diesen Standort verlegte. Gesellschafter waren zu 90 % die „Bank der Deutschen Luftfahrt AG“ und zu 10 % die „Junkers Flugzeug- und Motorenwerke AG“, die am 3. April 1941 die Firma gegründet hatten. Die NS-Führung hatte sich viel mit diesem Werk vorgenommen – geplant war die Produktion leistungsfähiger Flugzeugmotoren: zunächst 500 Stück, später 1200 Stück pro Monat sollten den „Endsieg“ rasch näherbringen. Effiziente Langstreckenbomber, ausgerüstet mit tauglichen Großflugmotoren, sollten den militärischen Erfolg sichern, der zum Greifen nahe schien. Aber es gab Probleme: Die Produktion der neuen leistungsfähigen Flugzeugmotoren konnte nicht wie geplant anlaufen. Von Berlin aus wurde viel in das Werk investiert, aber die Rechnung ging nicht auf.

Auf dem inzwischen gewachsenen Firmenareal waren schon große Fertigungshallen in Betrieb, in denen neben heimischen Arbeitern später auch Zwangsarbeiter und Kriegsgefangene arbeiten mussten, die im räumlich abgetrennten KZ-Außenlager Guntramsdorf/Wiener Neudorf untergebracht waren. Aufgrund des anhaltenden Krieges herrschte eklatanter Mangel an Arbeitern im ganzen deutschen Reichsgebiet. Natürlich war auch das FOW in Wiener Neudorf davon betroffen. Hier machten sich auch die laufenden Konstruktionsänderungen, etwa die Umsattelung von Junkers- auf Daimler-Benz-Motoren negativ bemerkbar. Und nicht zuletzt bremste die Rohstoffknappheit den Elan der Nationalsozialisten.

Das Scheitern von Junkers Jumo 222

Im Werk sollten ursprünglich Flugmotoren der Flugzeugfirma Junkers hergestellt werden. Die Konstrukteure, die bereits 1937 den „Jumo 222“, einen flüssigkeitsgekühlten Reihensternmotor mit einer Startleistung von 2000 PS, der für Langstreckenbomber gedacht war, entwickelt hatten, überzeugten im Jahre 1940 den Wiener Gauleiter Baldur von Schirach, in der „Ostmark“ einen Standort für die Produktion dieses vielversprechenden Motors zu schaffen. Noch dazu wollte Hitler zu diesem Zeitpunkt für seine weitreichenden Expansionspläne Langstreckenbomber (Bomber B). Das Projekt in Wiener Neudorf wurde genehmigt und so begann man 1941 mit der Errichtung dieses, wie man glaubte, zukunftsträchtigen Werkes.

Tatsächlich aber stolperte man bei FOW von einer Misere in die andere. Der Höhenflug des Jumo 222 kam ins Stocken, da die Serienproduktion in Wiener Neudorf nicht anlaufen konnte. Zunächst waren interne betriebliche und technische Faktoren daran schuld, dann wandte sich das Reichsluftfahrtministerium einem Konkurrenzprodukt zu: dem

Stolz auf ihre leistungsfähigen Flugmotoren: die „Junkers Flugzeug- und Motorenwerke AG“.

Motor DB 603 von Daimler-Benz, einem druckwassergekühlten V12-Kolben-Flugmotor mit einer Startleistung von 1750 PS für Bomber und Nachtjäger. Die Daimler-Benz-AG erhielt einen prozentuellen Anteil an Junkers überantwortet. In der Folge arbeitete nun Daimler-Benz mit der FOW-Geschäftsführung zusammen, die sogleich auf die Daimler-Benz-Motorenproduktion umstieg.
Auch Materialmangel bremste die Leistung. Erhard Milch, der Staatssekretär im Reichsluftfahrtministerium, erkannte, dass die erwarteten Produktionszahlen nicht erreicht werden konnten. Der entscheidende Moment, der das Werk allmählich in Schwierigkeiten führte, war aber der schlichte Mangel an Arbeitskräften. Dass noch dazu Arbeitskräfte der FOW nach Schwechat zu den Ernst-Heinkel-Werken abgezogen wurden, beunruhigte zusehends auch die Werksführung. Das Heranziehen von Lehrlingen aus einer nahe gelegenen ehemaligen Schuhfabrik stellte keine Lösung dar. Es war für die Werksleitung frustrierend, ansehen zu müssen, dass im Frühjahr 1943 noch kein einziger fertiger Motor das Werk verlassen hatte.

SS-Manager Georg Meindl

Nun wurden Experten des Reichsluftfahrtministeriums in die „Ostmark“ geschickt, um die Misere in Wiener Neudorf zu überprüfen. Der Mangel an Arbeitskräften wurde als Grundübel erkannt. Im Mai 1943 kam „Reichsmarschall“ Hermann Göring, der Oberbefehlshaber der Luftwaffe, persönlich nach Wiener Neudorf und ernannte seinen alten Bekannten Georg Meindl, den Generaldirektor der „Steyr-Daimler-Puch AG“, zum kommissarischen Leiter der FOW. Der ambitionierte Industriefachmann nahm konsequent die Zügel in die Hand. Er ordnete die Umstellung der Produktion von DB 603 auf DB 605 an: Nicht nur Bomber, sondern auch Jagdflugzeuge sollten mit diesem besseren Motor ausgestattet werden, so auch die „Messerschmitt Bf 109“ der Erweiterungsserie G und K. Produktion und Montage liefen nun bald in befriedigenden Zahlen. Für diesen „positiven“ Wandel in der Flugmotorenproduktion war aber die Beschäftigung von Zwangsarbeitern ein wesentlicher Faktor.

Das Logo der Flugzeugfirma Junkers.

Wer war Georg Meindl, der rücksichtslos auf den Einsatz von Zwangsarbeitern drängte? Der 1899 geborene, aus Mondsee in Oberösterreich stammende Manager hatte sich bereits in der Ersten Republik eine glänzende Karriere aufgebaut. Er arbeitete stets in staatsnahen Betrieben und verfügte auch über gute Beziehungen zu Politkern. Der promovierte Manager baute die „Österreichische Kraftwerk AG“ mit auf. Dem deutschnationalen Gedankengut sehr nahe stehend, trat er bereits 1934 der NSDAP bei und sogleich nach

Die Drachenkamera zeigt das heutige Industriegebiet von Wiener Neudorf. Hier standen einst die Betriebsanlagen der „Flugmotorenwerke Ostmark".

dem „Anschluss" verschrieb er sich der SS. In dieser Organisation wurde er laufend befördert, stolz trug er die schwarze Uniform der SS, in der er auch in den Betrieben persönlich erschien. Seine positive Einstellung und sein Engagement werden von den Mächtigen in Berlin wohlwollend bemerkt. „Reichsführer-SS" Himmler selbst beförderte ihn durch direkte Weisung zum SS-Brigadeführer. Am 15. März 1938 avancierte Meindl zum Generaldirektor der „Steyr-Daimler Puch AG", eines der wichtigsten Rüstungsbetriebe auf österreichischem Boden während des Zweiten Weltkrieges. Sein forsches, loyales und wirtschaftlich durchdachtes Vorgehen machte ihn zum Vertrauten Himmlers und Görings.

Meindl stellte sich auf der Seite der NS-Verbrechen, indem er dem Einsatz von KZ-Häftlingen in seinen Unternehmen zustimmte. Noch dazu war er einer der ersten deutschen Industriellen, der diesen Schritt genehmigte und sogar selbst diesen Stein ins Rollen brachte. Am 14. Juli 1943 schrieb er an Reichsführer-SS Heinrich Himmler einen Brief mit der Bitte um Errichtung eines KZ-Außenlagers bei den FOW. Darin heißt es: *... ich bitte Sie daher, Reichsführer, zu genehmigen, dass per sofort in Wiener Neudorf ein Außenlager des KL Mauthausen erstellt wird, mit einer Belegstärke von ca. 2000 Mann, und dass in dieses Lager 1000 Häftlinge, die bisher in der eisenverarbeitenden Industrie irgendwie tätig waren, und 1000 Häftlinge, die vorerst vorwiegend für Bauarbeiten eingesetzt werden sollten,* *und bei denen es genügt, wenn sie Hilfsarbeiten verrichten, überstellt werden. ... Ich hoffe, dass Sie mir, Reichsführer, bei der Durchführung dieser mehr als schweren Aufgabe Ihre Unterstützung geben werden, so wie ich Ihnen versichere, dass ich im Bereich meiner übrigen Werke jederzeit mithelfen werde, dass die Belange der Waffen-SS gewahrt werden.*

Nicht nur zur Arbeit im Flugmotorenwerk Wiener Neudorf, sondern auch im Flugmotorenwerk Steyr wurden KZ-Häftlinge aus Mauthausen eingesetzt. Der zunehmende Mangel an Arbeitskräften in Hitlerdeutschland sollte durch qualifizierte KZ-Häftlinge, ausländische Zwangsarbeiter und Kriegsgefangene ausgeglichen werden. Um lange Anfahrtswege zu vermeiden, errichtete die „Steyr-Daimler-Puch AG" bald mehrere Sublager des Stammlagers Mauthausen (KLM) neben ihren Produktionsstätten.

Meindls Konzern arbeitete auf eine Kooperation mit der SS hin und machte sich so an den Verbrechen gegen die Menschlichkeit mitschuldig. Bereits 1942 wollte er die SS direkt an der „Steyr-Daimler-Puch AG" beteiligen, damals lehnten Reichsführer SS Himmler und SS-Obergruppenführer Oswald Pohl, Chef des SS-Wirtschafts- und Verwaltungshauptamtes, einen solchen Einstieg aber noch ab. Das Jahr 1943 mit seinen militärischen Rückschlägen änderte aber die Situation. Der steigende Mangel an Arbeitskräften in der Rüstungsindustrie bewirkte ein Umdenken.

Die Kooperation von vielen deutschen Unternehmen und Industriezweigen mit der SS funktionierte gut, da einerseits die SS Rücksicht auf die von der Industrie geforderte Produktionseffektivität nahm und andererseits die Leitung der Unternehmen die Brutalität und die Morde der SS stillschweigend akzeptierte.

Die jüngsten Untersuchungen im Buch des Historikers Wolfgang Graf *Österreichische SS-Generäle. Himmlers verlässliche Vasallen* (Klagenfurt, Laibach, Wien 2012) brachten die verbrecherischen Verstrickungen etlicher österreichischer Manager, die sich dem Terrorapparat des NS-Staates angeschlossen hatten, ans Tageslicht.

Der Konzern „Steyr-Daimler-Puch" hat für die Motorisierung der deutschen Wehrmacht und der Luftwaffe einiges geleistet. Hergestellt wurden LKWs, PKWs und Fahrzeuge für die Panzertruppe sowie Schusswaffen für die Infanterie. Bei der Produktion der Flugzeugmotoren war aber mehr erwartet worden. Die vorgegebenen Sollzahlen wurden bei weitem nicht erreicht. Nur schleppend wurden annehmbare Auslieferungszahlen erreicht.

Der Produktionshöchststand der Flugmotoren in Wiener Neudorf war erst im April 1944 mit 365 ausgelieferten Motoren zufriedenstellend. Der im Sinne der Nationalsozialisten „endlich" anlaufende Erfolgskurs der Flugmotorenwerke wurde aber durch die Offensive der amerikanischen Luftstreitkräfte wieder zunichte gemacht. Die Angriffe der *U.S. Air Force* machten den Deutschen einen Strich durch die Rechnung.

Im Inneren des einstigen Hochbunkers der FOW. Die Atmosphäre des Krieges ist hier noch spürbar.

Der Halterungssockel für einen Tank.

Beim Notausgang des Bunkers: Der Beton trägt hier keinen Farbanstrich.

Im Industriegebiet Wiener Neudorf: Neben dem Wiener Neustädter Kanal stehen noch zwei Ein-Mann-Beobachtungsbunker.

Am 8. Juli 1944 bombardierten die Amerikaner das Werk und verursachten große Schäden. Weitere Angriffe bremsten die Produktion der für den Krieg so dringend benötigten Flugmotoren. Man erhoffte sich mit der Verlagerung einzelner Produktionsstätten, auch in die Slowakei, ein Aufrechterhalten der geforderten Produktionszahlen. Rollende US-Angriffe brachten das Werk jedoch in schwere Krisen. Wie oben schon geschildert, bezogen auch die FOW neue Anlagen in den unterirdischen Kellern der Bierbrauerei Schwechat. Die Dezentralisierung der Herstellung der Flugmotoren führte jedoch letztendlich zu einer Verzögerung der Endmontage – im Jahre 1945 kam die Produktion der FOW praktisch zum Erliegen. Insgesamt wurden von den Flugmotorenwerken Ostmark nur zirka 3000 Motoren gefertigt. Knapp vor Kriegsende bargen die Firmen Daimler-Benz und Steyr-Daimler-Puch einen Großteil der Maschinen und verlagerten sie nach Tirol. Die verbliebenen Maschinen wurden von der sowjetischen Besatzungsmacht demontiert und in die Sowjetunion abtransportiert.

Der ganze Aufbau des Unternehmens in Wiener Neudorf war schlussendlich, wirtschaftlich gesehen, ein Fehlschlag. Nach dem Krieg wurde das Werk von alliierten Wirtschaftswissenschaftlern als größte Fehlinvestition der deutschen Kriegswirtschaft bezeichnet. Es hatte eine Investitionssumme von 350.000.000 Reichsmark verschlungen.

Die alliierten Luftangriffe auf das Werk in Wiener Neudorf hatten dem einst so selbstherrlichen NS-Betrieb den Garaus gemacht. Während der Bombardements wurden die Hallen, Baracken, Prüfstände, die Kühltürme und alles im Umfeld zertrümmert. Schadensmeldungen wurden an die Wiener Gemeindeverwaltung gerichtet. Heute sind im Wiener Stadt- und Landesarchiv im Konvolut „Kriegsschäden" die betreffenden Akten gesammelt; veranschlagte Wiederaufbaukosten und Schäden werden hier aufgelistet.

Heute ist von dem großen Flugmotorenwerk kaum etwas übriggeblieben. Die Trümmerstätten und die leeren Hallen wurden gegen Anfang der 1950er Jahre bzw. am Ende der Besatzungszeit gesprengt. Das Gelände wurde von der niederösterreichischen Wirtschaftsagentur *ecoplus* und anderen Industriebetrieben sukzessive ausgebaut. Die vielen, nach dem Krieg noch lange Zeit sichtbaren Fundamentreste wurden eliminiert, das Brachland verbaut. Bombentrichter, die teilweise als Mülldeponien dienten, wurden eingeebnet.

Das heutige Verwaltungsgebäude der Firma *ecoplus* im IZ NÖ-Süd, Straße 3, Obj. M19 war seinerzeit der bombensichere Luftschutz-Hochbunker der FOW – bei genauerem Hinsehen erkennt man noch den wuchtigen Charakter eines bombensicheren Bauwerkes aus dem Zweiten Weltkrieg. Die Mauerstärken dieses Bunkers betragen zwischen 2,5 und 3 Metern. Das ist besonders gut an seiner Rückseite zu erkennen. Im Inneren ist der Bunker einer gänzlichen Erneuerung unterzogen worden. Lediglich im ersten und im zweiten Stock ist ein Teilbereich in seiner ursprünglichen Form und ohne Innenanstrich verblieben. Hier sind auch noch die Spuren einer einstigen Toilettenanlage zu erkennen. Weiße Streifen an der Wand weisen an manchen Stellen noch den richtigen Weg durch den Koloss aus Beton. Die Lichtinstallation ist in den noch im Originalzustand erhaltenen Räumen fast gänzlich demontiert worden. Eine hier vorhandene Lichtschaltergruppe scheint noch aus der damaligen Zeit zu stammen. Belüftungsrohre ragen im Inneren aus der Wand, an einer Stelle sind noch die beiden Haltefundamente eines Tanks zu sehen. Welchen Verwendungszweck dieser Tank hatte, wissen wir derzeit noch nicht.

Weit entfernt von diesem Gebäude, jedoch noch zum Areal der „Flugmotorenwerke Ostmark“ gehörend, auf der Bundesstraße 14 nahe der Bushaltestelle beim Wiener Neustädter Kanal, stehen bei einer Baumgruppe noch zwei „Ein-Mann-Beobachtungsbunker“ aus der Kriegszeit.

Bei einer sommerlichen Radtour durch das Industriegebiet Wiener Neudorf/Guntramsdorf entdeckten wir auf einem unbebauten Grundstück eine Schafherde. Einige Betonrudimente erregten unsere Aufmerksamkeit. Es stellte sich heraus, dass wir uns hier auf dem letzten noch vorhandenen Abschnitt des ehemaligen KZ-Außenlagers Guntramsdorf/Wiener Neudorf befanden.

Nächste Doppelseite: Aus der Luft gut zu erkennen: die Grundmauern der Baracken des Lagers in Guntramsdorf/Wiener Neudorf.

X. Kapitel

Orte der NS-Verbrechen

Die Nebenlager von Mauthausen

Mit Mauthausen war in Oberösterreich ein großes Konzentrationslager entstanden, in dem im Verlauf des Zweiten Weltkrieges auch Tausende von sowjetischen Kriegsgefangenen inhaftiert wurden. Letztendlich wurden Menschen aus vielen Ländern Europas und aus den besetzten Ostgebieten hier unter unmenschlichen Bedingungen festgehalten, gedemütigt, gequält und ermordet. Im Vordergrund stand in den ersten Jahren die physische Vernichtung der Inhaftierten durch Arbeit. Als im Laufe des Krieges der Mangel an Arbeitskräften in der Rüstungsindustrie immer stärker spürbar wurde, änderte sich auch die Politik der SS: Die Häftlinge wurden nun zur Zwangsarbeit in den deutschen Rüstungsbetrieben angehalten, Brutalität und sadistische Grausamkeit der SS im Umgang mit ihren Opfern nahmen jedoch keineswegs ab. Mauthausen entwickelte sich zum „Stammlager", aus dem die Häftlinge in die zahlreichen Außen- oder Nebenlager (Sublager), vor allem in Ober- und Niederösterreich, überstellt wurden.
Wie kam es zu diesem Wandel in der „Politik" der SS? Bereits 1942 rückte der wirtschaftliche Nutzen der Häftlingsarbeit in den Vordergrund. Die Führung des „SS-Wirtschafts- und Verwaltungshauptamtes" erkannte, dass es sinnvoller und auch lukrativer ist, die Häftlinge in die Kriegswirtschaft einzubinden, Arbeitskräfte wurden nun überall dringend gebraucht.
In einem Brief an den Reichsführer-SS Heinrich Himmler vom 30. April 1942 hält Oswald Pohl (1892–1951), der Leiter des WVHA, fest: *Der Krieg hat eine sichtbare Strukturänderung der Konzentrationslager gebracht und ihre Aufgaben hinsichtlich des Häftlingseinsatzes grundlegend geändert. Die Verwahrung der Häftlinge nur aus Sicherheits- und erzieherischen oder vorbeugenden Gründen allein steht nicht mehr im Vordergrund. Das Schwergewicht hat sich nach der wirtschaftlichen Seite hin verlagert. Die Mobilisierung aller Häftlingsarbeitskräfte zunächst für Kriegsaufgaben (Rüstungssteigerung) … schiebt sich immer mehr in den Vordergrund.*
Arbeitseinsatz für die Kriegsindustrie war nun das Motto. Oswald Pohl, SS-Obergruppenführer und General der Waffen-SS, hatte es durch sein Organisationstalent zum Chef des WVHA gebracht, sein „Verdienst" lag darin, dass er es verstand, den KZ-Häftlingen das Maximum an Arbeitsleitung abzuringen.
Und so wurden auch aus dem KZ Mauthausen zeitweilig Häftlinge in die Sublager, in denen „Arbeitstiere" gebraucht wurden, „verliehen". Dennoch wurden in Mauthausen weiter Menschen ermordet, weil sie zu schwach bzw. krank und zum Arbeitseinsatz nicht zu gebrauchen oder von vornherein zum Tode bestimmt waren, wie dies etwa für manche politische Gegner galt. Mauthausen bleibt für alle Zeiten ein Synonym für Terror und systematische Vernichtung.

Das Stammlager in Mauthausen – heute ein wichtiger Ort der Begegnung und des Gedenkens an die Opfer des NS-Regimes. Aus diesem Lager wurden tausende Häftlinge zur Zwangsarbeit in die Nebenlager verschickt.

In den unmittelbaren Jahren nach dem Zweiten Weltkrieg wurde die Geschichte der von den Nationalsozialisten gegründeten Außen- und Nebenlager Mauthausens nie umfassend aufgearbeitet. Man durfte sich, so das österreichische Selbstverständnis der Nachkriegszeit, als „Opfer" des Nationalsozialismus fühlen – ein Freibrief zum Schweigen und Verdrängen der Vergangenheit; unter der glanzvollen Oberfläche des Wiederaufbaus wirkte die NS-Ideologie lange nach. Ja, es dauerte Jahrzehnte, bis konsequente Schritte des Gedenkens an die vielen Sublager von Mauthausen getätigt wurden. Die „Lagergemeinschaft der ehemaligen KZ-Häftlinge" bemühte sich schon lange darum, die Erinnerung an die Verbrechen der Vergangenheit aufrechtzuerhalten. Da die ehemaligen KZ-Häftlinge nach und nach sterben und in ein paar Jahren als Zeitzeugen nicht mehr zur Verfügung stehen werden, droht die mühsam aufgebaute Erinnerungskultur zu verschwinden.

Neben den Erinnerungen werden auch die baulichen Hinterlassenschaften der ehemaligen Sublager immer weniger. Davon abgesehen wird das Lagergelände in Mauthausen in Oberösterreich jedoch heute gehegt und gepflegt, um es als Mahnmal des Nazi-Terrors und Aktivposten der Erinnerung für die Nachwelt zu erhalten. Heute existiert das „Mauthausen Komitee Österreich", das es als seine Aufgabe ansieht, auch zukünftigen Generationen das Wissen um die Untaten der NS-Zeit zu vermitteln. Durch Information und Förderung des Dialoges zwischen den Generationen und verschiedenen Bevölkerungsgruppen soll ein friedliches Zusammenleben unterstützt werden.

Das KLM-Außenlager Guntramsdorf/Wiener Neudorf

Wie oben geschildert, war es 1943 die Initiative von SS-Brigadeführer und Steyr-Generaldirektor Georg Meindl, der auch die „Flugmotorenwerke Ostmark" leitete, in Guntramsdorf bei Wiener Neudorf ein Außenlager des Konzentrationslagers Mauthausen einzurichten. Bis zum Kriegsende wurden hier Franzosen, Jugoslawen, Polen, Russen und Personen aus anderen Nationen inhaftiert und als Zwangsarbeiter ausgebeutet. Auch Österreicher und Deutsche wurden in den FOW zwangsweise beschäftigt. Die ersten Häftlinge aus Mauthausen trafen am 2. August 1943 im Außenlager Guntramsdorf/Wiener Neudorf ein. Es handelte sich dabei um 201 Mann, davon 50 Facharbeiter, 144 Hilfsarbeiter und 7 Mann Block- und Lagerpersonal. Die Zahl der Häftlinge stieg rapide an; der Höchststand mit über 3000 Gefangenen wurde im September 1944 erreicht. Die Insassen waren auf dem Areal des Lagers eng zusammengepfercht. Das Lager umfasste 17 Wohnbaracken,

Seltene Aufnahme: die große Lagerstraße im KLM-Außenlager Guntramsdorf/Wiener Neudorf.

2 Krankenbaracken, 9 Waschraum- und Abortbaracken, Werkstätten, eine Lagerschreibstube, eine Küche und eine Leichenbaracke. Das gesamte Lagerareal war mit einem elektrisch geladenen Stacheldraht umzäunt.

Im Herbst 2012 besichtigen wir ein derzeit unverbautes Grundstück an der Guntramsdorfer Industriestraße, das als Weideland für eine Schafherde genutzt wird. Es sind Fundamente von Baracken zu erkennen; auf dem von Verbauung verschonten Areal, das noch den Charme eines unberührten Brachlandes besitzt, entdecken wir die Reste von in den Boden versenkten Beobachtungsbauwerken aus Beton. Diese sind mit schmalen Seeschlitzen ausgestattet. Bei unserem ersten Lokalaugenschein innerhalb der umzäunten Fläche fallen auch die drei großen, nicht zugeschütteten Bombentrichter auf. Das ursprüngliche, standardmäßig errichtete Lager war groß. Deutlich zu sehen sind die Fundamente der Häftlingsbaracken und weiterer betrieblicher Einrichtungen. Das Bild von der damaligen baulichen Anordnung der Gebäude kann nachvollzogen werden. Mit dem Drachen und unseren fliegenden Kameras fotografieren wir das Gelände aus einer Höhe von 50 Metern. Aus der Vogelperspektive wird die Aufteilung der Lagergebäude gut erkennbar.

Für die zur Bewachung abgestellten Wachmannschaften, die von der SS bereitgestellt wurden, gab es immer weniger Personal, da immer mehr SS-Soldaten an die Front geschickt wurden. Daher forderte die SS, dass jener Heeresteil, der die Erzeugnisse des Rüstungsbetriebes beziehen sollte, Soldaten zur Lagerbewachung abzustellen habe. Da im Falle des Außenlagers Guntramsdorf/Wiener Neudorf letztlich die Luftwaffe von

Grundrisse der Häftlingsbaracken in Wiener Neudorf/ Guntramsdorf.

der Häftlingsarbeit profitierte, wurden ab April 1944 Luftwaffensoldaten zur Bewachung des Lagers hinzugezogen. Es waren dies rund 300 Mann, die meist nur „bedingt kriegsverwendungsfähig" *(bkv)* geschrieben waren, sich zumindest aber noch für den Wachdienst eigneten. Der Kontakt zu den Häftlingen beschränkte sich hauptsächlich auf ein Begleiten der Unglücklichen zur und von der Arbeit. Einen engeren Kontakt zu den Zwangsarbeitern hatten die rund 30 Mann der SS, die mit ihren recht- und wehrlosen Opfern machen konnten, was sie wollten. Da der Lagerkommandant SS-Hauptsturmführer Kurt Emil Schmutzler einen besonderen Hang zur Bestialität hatte und auch seine Untergebenen nicht zimperlich mit den Zwangsarbeitern umgingen, war die Todesrate im Lager sehr hoch. Die SS-Hundeführer machten sich oft einen Spaß daraus, ihre scharfen Hunde auf die ohnehin geschwächten Insassen des Lagers zu hetzen.

Mörderischer Häftlingsalltag

Dem Gutdünken der SS-Wachmannschaft ausgeliefert zu sein, forderte laufend seine Opfer. Das Lager war in einem erbärmlichen Zustand. 17 von 32 Baracken wurden als Wohnbaracken genutzt, in denen pro Baracke bis zu 160 Häftlinge gleichzeitig hausten. Das Krankenrevier war stark verschmutzt und feucht. Es existieren Augenzeugenberichte, die vom skandalösen Zustand des Lagers erzählen. Den ersten eingesetzten SS-Sanitätsdienstgefreiten waren die eingelieferten kranken Personen und deren Genesung offenbar egal. Die sanitären Baracken, die Aborte und die Wäscherei und auch die Küche samt deren Verpflegungsbetrieb hatten schwere Mängel, weil sich die SS nicht um ihre Häftlinge kümmerte. Die Führung der FOW, die auf einen wirtschaftlichen Einsatz der Zwangsarbeiter drängte, vermochte nicht das Übel zu beseitigen, das sich im angeschlossenen Konzentrationslager, südlich des Werkes gelegen, abspielte. Die Verpflegung war unzureichend und erreichte im Winter 1943/44 einen absoluten Tiefstand. Morgens: Liter Ersatzkaffee, kein Brot; mittags: Liter dünne Kürbissuppe; abends: 1 Kilo Brot, aufgeteilt auf 25 Häftlinge, 1 Kaffeelöffel Topfen.

In einer Broschüre über die Geschichte des ehemaligen Lagers werden Schicksale einzelner Opfer beschrieben. Hier ein Auszug aus den Mordaktionen: Der Sanitätsdienstgefreite Heinz Hahlweg bemerkte bei einem Kontrollgang, dass einige schwer erkrankte Häftlinge die vorgeschriebene Liegestellung nicht genau einhielten. Er schlug auf die

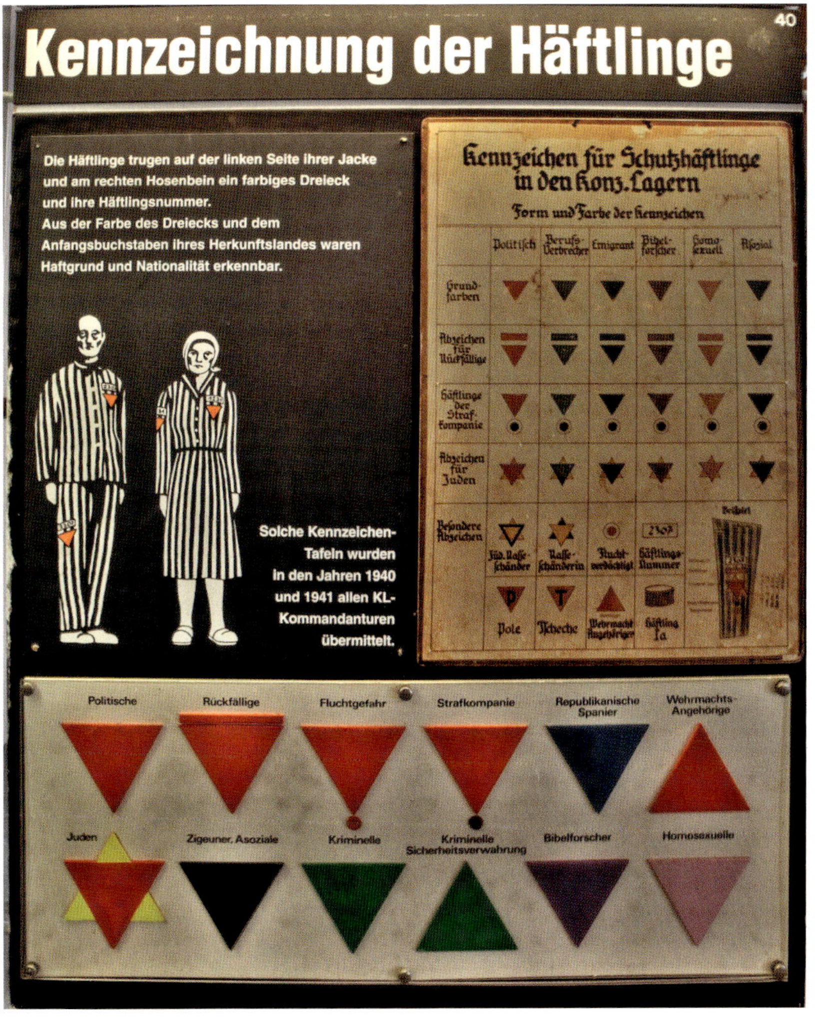

Perfide Klassifizierung: die „Uniformierung“ der Todgeweihten.

Kranken ein, riss sie aus dem Bett und trat auf ihnen herum. Dadurch wurden zwei Russen und ein Jugoslawe getötet ... Der 24 Jahre alte deutsche Kaufmann Hermann Rosenträger wurde vom SS-Hundeführer Nitschke als „frecher Judenbengel" (Rosenträger war kein Jude) bezeichnet und in das Klosett einer ausgebombten Fabrikhalle geschleppt. Dann stieg Nitschke mit einem zweiten Hundeführer auf den oben offenen Klosettraum und streckte Rosenträger mit mehreren Salven aus seiner Maschinenpistole nieder. Laut Leichenschaubericht wies die Leiche 34 Einschüsse und 6 Streifschüsse auf. ... Der 40 Jahre alte holländische Fremdarbeiter Willy Krausch wurde in der Nacht vom 8. zum 9. August 1943 von den Blockführern Thunke und Kaldun am Appellplatz mit Knüppeln so lange geschlagen, bis er bewusstlos und blutüberströmt liegen blieb. Auf Befehl des Lagerkommandanten wurde er in den Waschraum von Block 1 geschleift und verstarb dort – Schmutzler hatte jede Hilfeleistung strengstens verboten – am 10. August 1943 gegen 17 Uhr.

Um der SS zu imponieren, befahl Hauptmann Ludwig Stier an einem Februartag 1945 beim Morgenappell, dass an diesem Tag von der Luftwaffenbewachung mindestens 10 Häftlinge erschossen werden müssten. Als er zu Mittag erfuhr, dass noch kein Häftling getötet worden sei, ging er mit drei Soldaten und einigen Häftlingen in eine Bombenruine. Dann fielen Schüsse und 11 Häftlinge lagen am Boden. Hauptmann Stier schoss noch jedem mit seiner Pistole in den Kopf. Dann mussten die Soldaten die Leichen zusammenlegen und Stier fotografierte sie mehrmals. Anschließend ließ er sich mit dem Fuß auf der Brust der Leichen ablichten. Wenige Tage später zeigte Stier die „gelungenen" Fotos, auf die er geschrieben hatte: „Großwildjäger Stier".

Anklagepunkte beim Kriegsverbrecherprozess

Dem nach dem Krieg aufgegriffenen Lagerkommandanten SS-Hauptsturmführer Kurt Emil Schmutzler wurden die Verbrechen und Morde angelastet, die der Häftlingsarzt und in der Lagerschreibstube beschäftigte Dr. Rolf Busch-Waldeck aufgeschrieben hatte. Hier einige der vorgeworfenen Punkte: Im Winter 1944/45 sollten 16 an Tbc erkrankte Häftlinge nach Mauthausen überstellt werden. Der Lagerkommandant befahl, die 16 nur mit einem Hemd bekleidet und ohne Decken auf einem offenen LKW zu transportieren. Durch das kalte Wetter erfroren 14 Häftlinge auf der Fahrt. Wurden bei Häftlingen Läuse festgestellt, mussten sie ihre Kleider zur Desinfektion abgeben und die Nacht in einem ungeheizten Raum verbringen, in dem auf Befehl Schmutzlers die Fenster entfernt worden waren. Am nächsten Morgen mussten sie nackt zur etwa 500 Meter entfernten Desinfektionsstelle in die FOW gehen und dort bis zu vier Stunden im Freien auf ihre Wäsche warten. Viele erkrankten daraufhin an Lungenentzündung und starben.

Beim Dachauer Kriegsverbrecherprozess wurde gegen Schmutzler, der für diese gezielten Tötungen verantwortlich war, strafrechtlich ermittelt. Aber nicht nur der Lagerkommandant, auch seine grausame SS-Bewachungsmannschaft war zu allen Untaten bereit und die für die SS arbeitenden „Kapos", kriminelle Funktionshäftlinge, schikanierten die Mitgefangenen. Es wird berichtet, dass ohne triftige Gründe und oft auch nur zur „Hetz" wahllos Gefangene ermordet wurden. Nach dem Krieg wurden bei den Prozessen gegen die ausgeforschten KZ-Wächter weitere Verbrechen bekannt und die Täter zur Rechenschaft gezogen. Der Wiener Neudorfer Kriegsverbrecherprozess fand im April/Juni 1947 in Dachau statt. Die Untaten der Mörder wurden jetzt einer breiten Öffentlichkeit bekannt gemacht.

Hier endete für die Häftlinge aus Guntramsdorf der Todesmarsch: das KZ Mauthausen.

Noch einige Details zur „Karriere" des Lagerkommandanten Kurt Emil Schmutzler, der vom 26. Juli 1943 bis zum 2. April 1945 das Lager führte: Der gelernte Maler, Jahrgang 1895, war seit dem Jahre 1934 Mitglied der SS und trat 1937 der NSDAP bei. 1940 meldete er sich zur Waffen SS und fungierte alsbald im Verwaltungsbereich des Konzentrationslagers Mauthausen. 1943 wurde ihm die Führung des Lagers in Wiener Neudorf überantwortet. Nach dem Krieg versuchte der Nazi-Verbrecher unterzutauchen, wurde aber bald entlarvt und in Dachau vor Gericht gestellt. Schmutzler wurde zum Tode verurteilt und am 29. Oktober 1948 in Landsberg am Lech gehängt. Auch der oben erwähnte Hauptmann Ludwig Stier vom Luftwaffen-Bewachungspersonal und zwei weitere SS-Blockführer wurden in Landsberg hingerichtet.

Angesichts der herannahenden sowjetischen Truppen wurde das KZ-Außenlager Guntramsdorf/Wiener Neudorf am 2. April 1945 geräumt. Die Vorbereitungen dazu begannen bereits am 26. März: Lagerkommandant Karl Emil Schmutzler ließ die kranken, nicht marschfähigen Häftlinge ins „Revier" verlegen; am Morgen des 2. April wurden 38 nicht marschfähige Kranke auf Befehl Schmutzlers von den Aufsehern ermordet, 2490 Häftlinge mussten in drei Marschblöcken den „Todesmarsch" ins 180 km entfernte Stammlager Mauthausen antreten. Als Verpflegung erhielt jeder Häftling einen Laib Brot, eine Konservenbüchse Erbsen und eine Packung Margarine; für die Nacht unter freiem Himmel musste eine Decke reichen. Wer entlang des Weges aus Entkräftung zurückblieb, wurde von den Wachen mit Kopfschuss getötet – bereits in den ersten vier Tagen ermordeten die Wachen 97 Häftlinge, 34 gelang die Flucht.

Nach dreizehn Tagen, am 14. April 1945, erreichten die Überlebenden Mauthausen. Eingetroffen dürften etwa 2200 bis 2300 Häftlinge sein. Eine – versteckt geführte – Liste über die am Marsch ermordeten oder geflüchteten Häftlinge nennt 243 Personen. Das Lager Mauthausen wurde am 5. Mai 1945 durch amerikanische Soldaten befreit.

Trostlose Erinnerungsstätte

Als die Soldaten der Roten Armee am 6. April 1945 das Lager erreichten, war es bereits verlassen. Die Russen hielten sich natürlich nicht mit Aufräumen auf, sondern plünderten lieber die Maschinen des angeschlossenen Flugmotorenwerkes. Über das Lagergelände wuchs buchstäblich bald das Gras, die Erinnerung an das Lager verblasste schnell. Das Gelände des ehemaligen Flugmotorenwerkes selbst wurde in den Aufbaujahren nach 1955 als Industrie- und Wirtschaftsstandort zusehends erschlossen und florierte. Auf dem Grundstück entstand zügig das „Industriezentrum NÖ-Süd". Das Areal, auf dem sich das KZ befunden hatte, blieb jedoch zum Großteil unverbaut und wurde wieder von der Natur in Besitz genommen. Das mit Betontrümmern und Mauerresten übersäte Gelände ist bis heute als Bauland schwer zu vermieten bzw. zu verkaufen. Der Grundstücksinhaber, die Firma *ecoplus*, die Wirtschaftsagentur des Landes Niederösterreich, kann mit diesem Landstrich auch nicht viel anfangen, da viele Interessenten aufgrund der baulichen Altlasten dann doch Abstand halten. Vor Jahren hat Frau Kurzbauer hier das Weiderecht für ihre Schafherde erhalten.
Lange hatte sich niemand um die vergessene Geschichte dieses traurigen Schicksalsortes gekümmert. Der Erste, der sich um eine Aufarbeitung der Geschichte dieses unverbauten Teils des Konzentrationslagers bemühte, war die Pfarre von Neu-Guntramsdorf. Sie legte auch den Grundstein für eine würdige Gedenkstätte.
2005 wurde ein unabhängiger Gedenkverein gegründet, der die Erhaltung und den Ausbau der Gedenkstätte sicherstellen will. Dieser Verein arbeitet mit dem „Mauthausen Komitee Österreich" zusammen und stützt sich auch auf andere Initiativen. Die Kontaktperson des „Gedenkvereins KZ-Nebenlager Guntramsdorf/Wiener Neudorf", Herr Jürgen Gangoly, organisiert die Pflege und den Ausbau der Gedenkstätte, die Erstellung von Lehr- und Informationsmaterialien, die Errichtung von Wegweisern, Hinweistafeln und Schaukästen und kümmert sich darum, dass interessierten Personen, darunter auch Schulklassen, im Rahmen von Führungen gezeigt wird, wie dieser Platz in der NS-Zeit zu einem Ort des Schreckens für viele Menschen geworden ist. Im Jahre 1995 wurde in der Industriestraße neben dem unverbauten Areal des KZ-Außenlagers ein Gedenkstein aufgestellt, der im Hauptfeld drei abgemagerte und geknechtete Personen zeigt. Sie drücken den Kummer und die Ratlosigkeit der gedemütigten Opfer aus, die dem unmenschlichen System der Nationalsozialisten ausgeliefert waren. Das Grundstück des eingefriedeten Gedenkplatzes wurde von *ecoplus* der Marktgemeinde Guntramsdorf geschenkt.

Der offizielle Gedenkstein, der Passanten an den Ort der NS-Verbrechen erinnern soll.

Fundamente erzählen Geschichte.

Diente zur Bewachung der Häftlinge: ein eingegrabener Ein-Mann-Bunker.

Ein ehemaliger Zwangsarbeiter, der 90-jährige Franzose René Marbouthy, besuchte im Jahre 2012 mit seiner Familie und seinem Enkel das ehemalige Lagergrundstück. Nicht nur er, sondern auch das Empfangskomitee war bewegt. In regionalen Zeitungen wurde das Treffen erwähnt. Marbouthy brachte dem Gedenkverein seinen damaligen Lagerausweis und Lebensmittelkarten mit. Mit im Gepäck hatte er auch Fotos vom Lager, die bisher nicht bekannt gewesen waren. Aus seiner Erinnerung konnte der rüstige Herr noch bestimmte Mauerzüge zuordnen und schilderte seine Erlebnisse.

Grabungsaktion 2012: Projekt „72 Stunden ohne Kompromisse“

Die Schafe wurden in ein Gatter getrieben und die Hirtenhunde für die Dauer der Grabungsaktion aus dem Areal entfernt. Die Gemeinde Guntramsdorf stellte Schaufeln und anderes Werkzeug zur Verfügung. Herr Jürgen Gangoly vom Gedenkverein und die Betreuer der Schüleraktion organisierten die Durchführung. Robert Bouchal übernahm die Koordinierung der hier durchgeführten Geländesondierungsarbeiten und instruierte alle daran beteiligten Personen. Zweck dieses Vorhabens war, dass neben einer ersten Reinigung des Areals von Unrat und Müll auch eine wissenschaftliche Forschung durchgeführt werden sollte. Gesucht wurden Reste und mögliche Hinterlassenschaften aus dem Lager und aus dem Krieg. Robert Bouchal instruierte und motivierte die jungen Forscher, die sich der Aufgabe mit Begeisterung stellten und dadurch unmittelbar mit der Geschichte dieses Ortes in Berührung kamen.

Das Gelände wurde innerhalb von drei Tagen von den jugendlichen Teilnehmern oberflächlich abgesucht. In den drei Bombentrichtern fand man große Mengen an modernem Konsumschutt. Neben Haushaltsmüll entsorgte die Gruppe insgesamt rund 20 Tonnen zerbrochene Dachziegel, die von einem Nachnutzer des Grundstückes abgeladen worden waren. In den Senken und Gruben stießen die jungen Forscher nebenbei auf Dutzende Schädel von Rindern, Ziegen und Schafen. Die Schächte der beiden ehemaligen Beobachtungsbunker waren mit Müll angefüllt. Wir gruben in Sickerschächten und Regenwasserabscheidern und räumten diese völlig aus. Dabei hofften wir, Fundgegenstände aus der „Lagerzeit“ finden zu können. Da damals die Häftlinge kaum persönliche Gegenstände bei sich hatten, war allerdings anzunehmen, dass nichts Besonderes zu finden wäre. Von Sanitäranlagen konnten keramische Bruchstücke, die von Wasch- oder Pissoir-Muscheln stammten, aufgesammelt werden. Wir fanden Bruchstücke, auf denen noch die Stempel der Herstellungsfirma „Ostmark-Keramik, Wilhelmsburg“ zu erkennen war. Diese in Niederösterreich beheimatete Firma

Neben großen Mengen an Müll finden wir auch hier die Spuren des Krieges wie z. B. Bombensplitter und Teile von Ostmark-Keramik-Stempeln.

Ein Grabungsprofil wird erstellt.

Luftbildauswertung: Wo die Baumgruppen stehen, sind bis heute die Bombentrichter vorhanden.

Die wissenschaftliche Untersuchung lohnt sich.

existiert heute noch. Weiters fanden wir Fragmente von Kanalrohren. Dass der im Schutt liegende Teil eines Isolators von dem elektrischen Zaun stammte, der das Lager umgab, wäre möglich. Ein großer Teil eines Bombensplitters erregte das Interesse aller hier Anwesenden. Ein weiterer besonderer Fund aus der Nachkriegszeit ist das Kaffeehäferl mit dem Firmenstempel „Neupert Qualitätsporzellan, Germany-US-Zone, Bavaria". Wie die Recherchen ergaben, produzierte diese Firma das Service in den Jahren 1947 bis 1949.
Der Grundstücksbesitzer, Niederösterreichs Wirtschaftsagentur *eco-plus*, unterstützte diese Kampagne. Selbst der Vizebürgermeister von Guntramsdorf, Robert Weber, besuchte die Forschungsarbeiten und zeigte sich sehr interessiert an der Aufarbeitung der Geschichte. Am dritten Grabungstag legten wir im Bereich der ehemaligen Küche in Richtung Kanal einen rund einen Meter breiten Suchschnitt zur Lager-

straße an. Zeitlich bedingt konnte leider nur die obere Grasnarbe auf 5 cm abgezogen werden. Hier fanden sich im Erdreich Steine, Ziegel und Teile von Betonbrocken. Eine Woche nach der großen Aktion konnte noch einmal eine Geländebegehung durchgeführt werden. Hierbei wurden mittels eines Messgerätes Metallteile im Boden gesucht. Die Fundliste verlängerte sich nach diesem Tag erneut. Wir fanden einen weiteren Bombensplitter, ein Wurfmesser, Gabeln usw.

Aus der Fundliste:

· Teile von Waschmuscheln mit dem Aufdruck der Herstellungsfirma „Ostmark-Keramik, Wilhelmsburg" (Keramik, weiß)
· Kaffeehäferl der Firma „Neupert Qualitätsporzellan, Germany-US-Zone, Bavaria" (Keramik, weiß)
· Wurfmesser
· Fragment eines Isolators (Keramik und Eisen)
· moderner Konsumschutt: Plastikflaschen, Dosen, Flaschen etc.
· zwei Bombensplitter

Ein Keramikfragment wird entschlüsselt

Während der Grabung auf dem Gelände des ehemaligen KZ-Außenlagers Guntramsdorf finden wir eine Reihe von Scherben. Einige der Keramikbruchstücke stammen von der bekannten Firma „Ostmark-Werke Aktiengesellschaft". Diese Firma hatte während des Zweiten Weltkrieges drei Standorte: Wilhelmsburg (Waschtisch-Erzeugung), Engelhof bei Gmunden (Klosetterzeugung) und Znaim. Auf einem glasierten Bruchstück befinden sich neben dem obligaten Stempel der Firma „Ostmark-Werke Wilhelmsburg" mehrere eingepresste Buchsta-

Scherben-Fragmente der Firma „Ostmark-Werke".

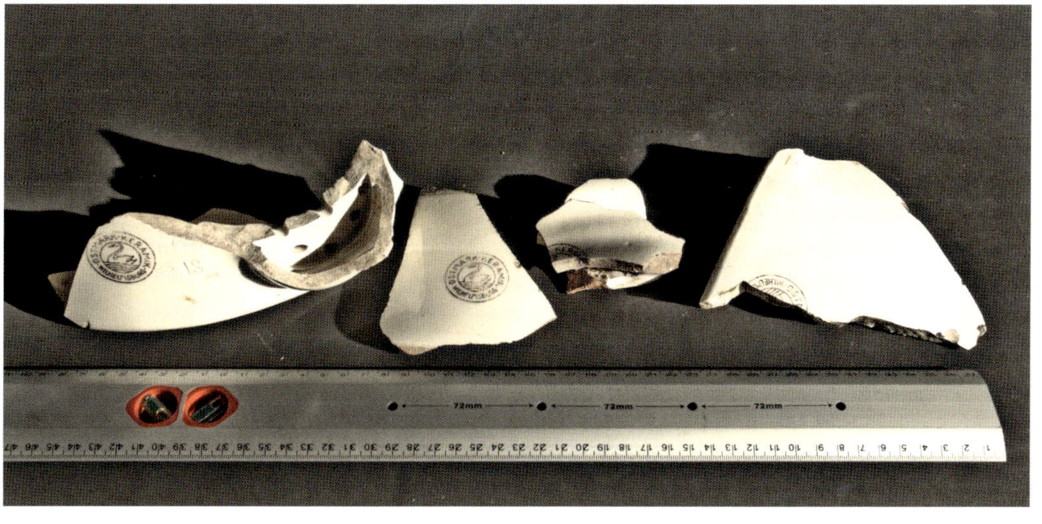

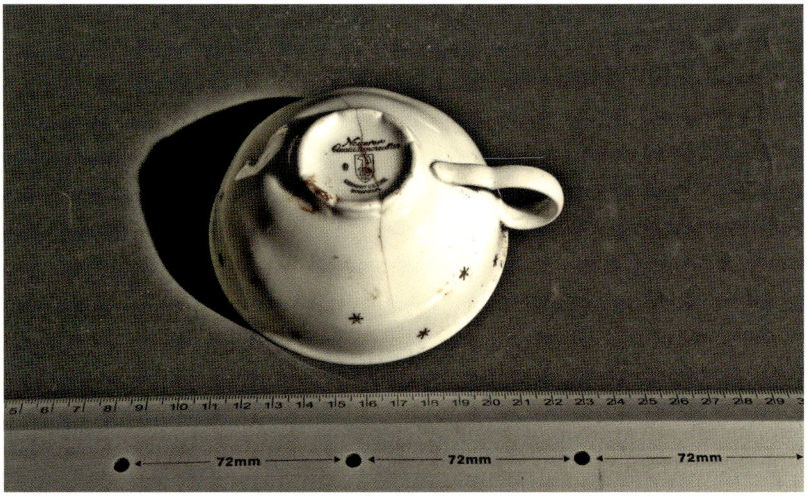
72mm
72mm
72mm

Neben modernem Konsumschutt fanden sich auch Utensilien aus den Kriegs- und den unmittelbaren Nachkriegsjahren.

ben- und Ziffernkombinationen. Die Recherchen rund um dieses eine Fragment erbrachten Folgendes: Erzeugt wurde der Waschtisch im Jahre 1941 (41) in der 26. Woche (26). Die Zahlen wurden gleichzeitig, mit beiden Händen, synchron gestempelt. Die Zahl 13 mit Kreis bedeutet, dass der Waschtisch in einem besseren, aufwändigeren Produktionsbrennvorgang fabriziert worden ist. Stark beanspruchte Produkte, so auch Waschtische, sollten länger halten. Das ebenso sichtbare Sonderzeichen mit der Buchstabenkombination („ST") nimmt Bezug auf den Namen des Gießers und damit auf den Gießplatz. Mit diesen firmeninternen Buchstaben und Ziffern, die stets auf den Produkten der Firma verewigt worden sind, konnten im Falle von Reklamationen Mängel zurückverfolgt werden.

Das KLM-Arbeitslager Schwechat 2 (Schwechat-Heidfeld)

In Schwechat entstanden während der NS-Zeit mehrere Außenlager des Stammlagers Mauthausen. Ihre Existenz wurde lange Zeit ausgeblendet, ihre Geschichte blieb ungeschrieben. Erst in jüngster Zeit wurden von der Stadtgemeinde Mahnmale errichtet, die an das Leiden der hier geschundenen Häftlinge erinnern. 2010 konnte anlässlich eines Vermittlungsprogrammes von SchülerInnen des BG/BRG Schwechat eine Skulptur samt Erinnerungstafel an die Opfer im Ort aufgestellt werden. Umfangreiche Vorarbeiten zur Aufarbeitung der NS-Geschichte leistete der Stadtarchivar Adolf Ezsöl bereits in den Jahren zuvor. 1995 entwarf er ein Mahnmal, welches mit Hilfe der Stadt Schwechat und der Flughafen-Betriebsgesellschaft am Flughafengelände

Mahnmal zum Gedenken an die Außenlager in Schwechat.

errichtet und am 12. November desselben Jahres vom damaligen Verkehrsminister Dr. Viktor Klima enthüllt wurde. Es soll an die KZ-Häftlinge und Zwangsarbeiter erinnern, welche speziell im Flugzeugwerk Heidfeld gearbeitet haben. Mehr als 200 von ihnen sind dabei gestorben. Nun besitzt Schwechat schon eine Reihe von „Aktivposten", wenn es um Gedenkkultur geht. Historisch „belastetes" Terrain findet sich im Stadtgebiet Schwechat ja an so manchen Stellen und es ist wichtig, diese Plätze auch in den historischen Kontext einzubetten.

In den Kellern der Bierbrauerei Schwechat in der Wiener Straße, am Hauptplatz und in der Bruck-Hainburger Straße (Lagername: „Santa I bis III") arbeiteten die Häftlinge aus verschiedenen Ländern Europas, die hierher zur Zwangsarbeit verschleppt worden waren, unter unmenschlichen Bedingungen. Dazu existierten umzäunte Barackenlager (heute Phönix-Sportplatz), in denen die hierher überstellten Personen zusammengepfercht waren. Der Stacheldraht rund um das Lager war elektrisch geladen. Ehemalige Häftlinge erinnern sich bis heute an die sadistischen Praktiken und Schikanen der SS-Wachmannschaften. Die Lagerleitung sah weg bzw. war daran beteiligt, wenn die ohnehin ausgemergelten Menschen, die für die Rüstung „produktiv" arbeiten sollten, zusätzlich drangsaliert wurden.

Auf dem Flugfeld in Heidfeld wurde zunächst ein Häftlingslager gebaut, in dem ausgesuchte Facharbeiter für Hitlers Kriegsmaschinerie, speziell bei der Fabrikation und Montage von Militärmaschinen der Ernst-Heinkel-Werke, schuften mussten. Der Bau des Flugfeldes – heute Gelände der AUA – war 1938 mit einheimischen Arbeitskräften begonnen worden; nach Ausbruch des Krieges wurden zunächst polnische Kriegsgefangene und Zwangsarbeiter eingesetzt, dann kamen Spanier, Franzosen, Italiener, Jugoslawen, Sowjetbürger und andere Nationali-

Zwangsarbeit unter unmenschlichen Bedingungen: Erinnerung an die Opfer der NS-Zeit in Schwechat.

täten hinzu. Die Belegungsstärke stieg, da mit der Gründung des KLM-Außenlagers Wien-Schwechat 1 (Fliegerhorst Heidfeld) nun auch KZ-Häftlinge aus Mauthausen ankamen. Produziert wurden Bauteile für diverse Heinkel-Flugzeugtypen (Bomber, Nachtjäger, Jagd- und Düsenflugzeuge). Dieses Sublager existierte vom 30. August 1943 bis 31. März 1945. Ein amerikanischer Bombenangriff am 26. Juni 1944 auf das Flugzeugfeld vernichtete das Werk und zertrümmerte auch das daran angeschlossene Lager. 140 Häftlinge waren unter den Todesopfern zu beklagen. Nach Aufbauarbeiten wurde das Lager am 13. Juli 1944 geräumt und der Großteil der überlebenden KZ-Häftlinge in andere Sublager verlegt.
Am 31. Juli 1944 wurde das Lager am Fliegerhorst mit neu herangeführten KZ-Häftlingen wieder in Betrieb genommen. Diese übernahmen dann die Endmontage des neu entwickelten Düsenjägers He 162, dessen Bauteile aus Ungarn, der Tschechoslowakei, der „Seegrotte" Hinterbrühl und Kleinbetrieben in Wien und Umgebung angeliefert wurden. Unter Todesängsten mühten sich die zur Sklavenarbeit degradierten Häftlinge ab, die nicht nur der Willkür der Wachmannschaft, sondern auch den Bombenangriffen der Amerikaner ausgeliefert waren. Aufgrund der herannahenden Front wurde das Lager am 31. März 1945 geschlossen und die Häftlinge wurden weggebracht. Die meisten der noch verbliebenen deutschen Arbeiter mussten sich zum „Volkssturm", dem letzten Aufgebot, melden. Für die KZ-Häftlinge, die in Hinterbrühl bei Mödling gesammelt wurden, begann ein sogenannter „Todesmarsch": die Rückführung nach Mauthausen. Die Schwachen, Kranken und nicht mehr Gehfähigen wurden vorher kurzerhand erschossen.

Unmenschlicher Häftlingsalltag

Die berührenden Schilderungen füllen Aktenberge: In ihren Erinnerungen erzählen überlebende KZ-Häftlinge von den grausamen Taten der Wachmannschaften. Brutale Gewaltszenen, die auch in Schwechat in den Lagerbaracken passierten, blieben ihnen für immer unauslöschlich im Gedächtnis. Der polnische KZ-Häftling Marian Kryszak (Häftlings-Nr. 42.586) hielt die Schikanen fest. So mussten die bereits durch die harte Arbeit geschwächten Häftlinge oft stundenlang Liegestütze „trainieren". Wenn diese „Vorstellungen" den oft sadistisch veranlagten Kommandanten nicht gefielen, gab es Stockhiebe von den „Kapos", die sich aus den Reihen der Häftlinge rekrutierten und von der SS ausgewählt wurden. So vermieden es die perfiden SS-Schergen, sich selbst die Hände schmutzig zu machen. Für die gepeinigten Häftlinge waren diese Übergriffe sehr schmerzhaft. Wer körperlich nicht mehr arbeiten konnte, dem war eine Rückführung nach Mauthausen sicher, und dieses Los bedeutete den sicheren Tod. Aber die Häftlinge hatten noch ganz andere leidvolle Torturen zu überstehen, wie die laufenden US-Bombenangriffe, denen sie auch schutzlos ausgeliefert waren. Marian Kryszak berichtet:

Am 23. April 1944, ungefähr 13.30 Uhr, fand ein Angriff der amerikanischen Flugzeuge statt, die die Fabrik und das Häftlingslager, das sich im Terrain der Fabrik befand, bombardierten. Das Lager war eingezäunt mit Stacheldraht, und der Stacheldraht war mit elektrischem Strom geladen. In jeder Ecke des Lagers standen Wachtürme. Auf den Wachtürmen befand sich je ein SS-Mann, bewaffnet mit einem Maschinengewehr. Zur Zeit des Angriffes waren die Häftlinge verpflichtet, in Fünferreihen in der Arbeitshalle Aufstellung zu nehmen. Die SS-Angehörigen befanden sich in kleinen Bunkern, die in der Halle standen, und bewachten uns mit schußbereitem Gewehr. Bei diesem Angriff wurden 30 Häftlinge getötet sowie auch der Lagerkommandant und sehr viele SS-Angehörige. Eine Bombe fiel auf einen Betonbunker. In diesem Bunker befanden sich der Lagerkommandant und die SS-Angehörigen. Der Bunker war komplett zerstört.

SS-Schergen und Barbarei

Anfang Mai 1944 übernahm ein neuer Lagerkommandant die Führung im KLM-Arbeitslager Schwechat-Heidfeld: SS-Untersturmführer Anton Streitwieser, genannt der „schöne Toni“. Der berüchtigte und gefürchtete SS-Mann, geboren 1916 in Surheim im Berchtesgadener Land, hatte zuvor schon blutige Spuren beim Aufbau des Mauthausen-Außenla-

„Kollateralschäden“: Im Zuge des Bombenkrieges 1944/45 landeten die Bomben der amerikanischen Luftstreitkräfte auch auf dem Areal der Zwangsarbeiter- und KZ-Lager.

Das Antlitz eines Mörders: SS-Untersturmbannführer Anton Streitwieser, genannt „der schöne Toni“.

gers Gusen und im KZ Mauthausen selbst hinterlassen. Seine Spezialität war das Erfinden immer neuer Grausamkeiten. Er hetzte scharfe Schäferhunde auf wehrlose Opfer und hatte keine Hemmung, Häftlinge persönlich zu erschießen. SS-Männer, die sich an diesen Grausamkeiten und Mordtaten beteiligten und mitschuldig machten, wurden mit Schnaps und Urlaubstagen „belohnt“ und so mundtot gemacht.

Der SS-Wachmannschaft behagte aber nicht, dass sie bei Luftangriffen weiterhin – in unzureichenden Schutzbunkern – die Häftlinge bewachen sollte und so selbst bei einem Bombentreffer gefährdet war. Daher wurde angeordnet, dass die Häftlinge eigene Splitterschutz-Deckungsgräben ausheben mussten, in denen sie sich verschanzen sollten. Diese „Mauselöcher“ hielten einem Direkttreffer nicht stand, besonders die immer heftigeren Bombardements richteten verheerenden Schaden an und die einschlagenden hochexplosiven US-Sprengbomben machten keinen Unterschied, ob sie KZ-Häftlinge, Kriegsgefangene, Österreicher, Deutsche oder SS-Männer töteten.

Am 26. Juni 1944 erfolgte ein Großangriff auf das Heinkel-Werk in Schwechat. Die Splitterschutzdeckungsgräben, in denen die Häftlinge kauerten, wurden dabei zerschmettert. Die Folge: 120 Häftlinge wurden getötet. Weitere 12 waren offenbar geflohen und galten seither als vermisst.

Die barbarischen NS-Verbrechen zeigen ein besonders schäbiges und erbärmliches Antlitz. Die SS-Schergen zogen eine blutige Spur und hinterließen Wunden, die bis heute nicht geheilt sind. Auch diese Wunden zählen zu den „letzten Spuren des Krieges“ – sie werden jedoch nicht so schnell verschwinden.

Im Dokumentationsarchiv des österreichischen Widerstands werden u. a. die Akten zu den „Mauthausen-Prozessen“ aus den Jahren 1966/67 aufbewahrt, aus denen die Verbrechen der SS-Mörder und ihrer Mordgehilfen im Detail ersichtlich sind. Im Zuge dieser Verfahren, die im November 1966 im Landesgericht Köln eröffnet wurden, saß auch der nach dem Krieg untergetauchte SS-Obersturmführer Anton Streitwieser – gemeinsam mit Karl Schulz, dem ehemaligen Leiter der Politischen Abteilung im KZ Mauthausen – auf der Anklagebank. Die Staatsanwaltschaft warf dem Kommandanten der ehemaligen Außenlager von Mauthausen Morde, Erschießungen, Vergasungen, Misshandlungen und andere Verbrechen vor. Zeugenaussagen von rund 200 KZ-Häftlingen ergaben eine erdrückende Beweislast. Sachverständige und Medien verfolgten aufmerksam den über ein Jahr lang dauernden Prozess.

Am Abend des 3. Mai 1945 verließ Anton Streitwieser das Lager Mauthausen, um angeblich gegen die Russen zu kämpfen. Tatsächlich setzte er sich gen Westen ab. Er soll versucht haben, verkleidet in amerikanischer Uniform unbehelligt davonzukommen, wurde von amerikanischen Soldaten geschnappt, nach kurzer Zeit jedoch wieder freigelassen. Seine wahre Identität verschwieg Streitwieser und so gelang es ihm, unerkannt in Westdeutschland unterzutauchen. Unter dem falschen Namen Klaus Werner Krug, dem Mädchennamen seiner Frau, begann der „schöne Toni" in Köln ein neues Leben. 10 Jahre lang konnte der Massenmörder unbescholten dort leben. Seine falsche Identität wurde erst im Jahre 1956 – nach seiner Toterklärung 1950 – aufgedeckt und die Behörden steckten ihn mehrmals in Untersuchungshaft. Die Staatsanwaltschaft sammelte belastendes Beweismaterial für den „Mauthausen-Prozess", der schließlich im Jahre 1966 die verantwortlichen SS-Mörder, darunter Streitwieser, festnagelte und verurteilte. Am 30. Oktober 1967 wurde das Urteil verkündet: Der Richter verurteilte Streitwieser „aufgrund von gemeinschaftlichem Mord in drei Fällen sowie Körperverletzung mit Todesfolge in zwei Fällen" zu einer lebenslangen Freiheitsstrafe und zusätzlich zu sieben Jahren Haft. Zudem wurden ihm die Bürgerrechte auf Lebenszeit aberkannt. Anton Streitwieser starb Mitte Juli 1972 im Haftkrankenhaus Bochum.

Aus dem Tatregister eines SS-Mörders

Der Akt aus dem Dokumentationsarchiv des österreichischen Widerstands (20.084/3) nennt 43 Taten, die Anton Streitwieser zur Last gelegt werden. Auszug aus dem Register: Tatbestand 41: „Streitwieser soll sich bei der Durchführung der Aktion ‚K' oder ‚Kugel' maßgeblich beteiligt haben. Nach der Ankunft von Häftlingstransporten wurden Gefangene, die mit ‚K' bezeichnet waren, nicht registriert, erhielten keine Nummer und ihre Namen blieben allen mit Ausnahme der Beamten der Politischen Abteilung unbekannt. Sie wurden sofort abgesondert und in den Bunker gebracht, entkleidet, in die Duschräume geschickt und dort erschossen."
Das Tatregister dieses SS-Mannes zeigt die rohe Gewalt und die Kaltschnäuzigkeit dieser verbrecherischen Organisation, die in den Konzentrationslagern willkürlich mordete. Streitwieser war aufgrund seines brutalen Auftretens auch bei der ihm untergebenen SS-Wachmannschaft gefürchtet. Seine Machenschaften, Intrigen und krummen Geschäfte innerhalb der SS-Lagerverwaltung zeugen von einem kriminellen Charakter. Seine extravaganten Wünsche sollten prompt erledigt werden. Er verlangte luxuriöse Wohnungseinrichtungen, alkoholische Getränke, Ölgemälde, Kleidung, Schmuck für seine Freundinnen, usw. Er verkörpert den typischen rohen und arroganten SS-Schläger, in schwarzer Uniform und mit Peitsche.

XI. Kapitel

Schicksalsorte

Die Fasangartensiedlung neben der SS-Kaserne

Die heutige Maria-Theresien-Kaserne im Nobelviertel Hietzing wurde während der NS-Zeit als „SS-Kaserne“ fertiggestellt. Für die dort dienenden SS-Offiziere wurde in unmittelbarer Nähe die mustergültige „Fasangartensiedlung“ errichtet. Die im Stil „heimatlicher“ Landsiedlungen gebauten Wohnhäuser sind streng symmetrisch in „Reih und Glied“ ausgeführt. Nach den Plänen der „Baugenossenschaft der Deutschen Handwerker“ und des „Siedlungsamts der SS“ wurde diese komplexe Anlage 1939/1940 in Absprache mit dem „Heeresbauamt“ aus dem Boden gestampft. Als Arbeitskräfte wurden beim Bau – ganz im Sinne der NS-Gewaltherrschaft – Häftlinge eingesetzt. Die Häuser, durch Grünflächen getrennt, vermitteln einen idyllischen Anblick. Eigentlich erinnert gar nichts daran, dass sie „stumme Zeugen“ der NS-Epoche sind.

Nach dem Krieg und während der englischen Besatzungszeit zogen in die Häuser vornehmlich Angehörige des österreichischen Bundesheeres und deren Familien ein. Die beschauliche Atmosphäre von privilegierten Personen wurde fortgesetzt. Erst in jüngster Zeit wurde dieses Privileg aufgegeben. 2012 wurden die Häuser der Fasangartensiedlung saniert und zu Eigentumswohnungen umgebaut. Die Betreiber bewarben sie als „Topwohnungen mit 75–160 m² Wohnnutzfläche mit Garten, Balkon und Dachterrasse“. Das Ambiente der alten grauen Fassaden wurde durch moderne, zeitgemäße Anbauten verändert.

Wir wollten uns das aus der Nähe ansehen. Eine Bewohnerin zeigte uns noch den ursprünglichen Zustand ihrer Wohnung. Im Stiegenhaus sind noch die alten Holztreppen und das massive Holzgeländer vorhanden. Optisch ist hier noch der „deutsche Geist“ zu erfassen. In den Keller-

Dem Gerücht auf der Spur – es soll einen unterirdischen Gang zur Maria-Theresien-Kaserne gegeben haben. Die Suche beginnt.

Während der NS-Zeit gebaute „Volkswohnungen“: Fasangarten-Siedlung in Hietzing.

abteilen, die auch als Garagen genutzt werden, waren während des Krieges, dank der verstärkten Decken, Luftschutzräume untergebracht. Auch diese baulichen Merkmale sind zu erkennen.
Dass die Häuser während der NS-Zeit entstanden sind, nehmen die heutigen Bewohner gelassen hin. Sie leben ganz pragmatisch mit diesem Erbe. Einige bemerkten, dass bei Hausumbauarbeiten alte Münzen aus dem „Dritten Reich“, Reichpfennige, auftauchen, die unter dem Türstaffel deponiert worden waren. Ein alter Brauch. Auch heute hinterlegt man aktuelle Münzen, Zeitungen oder andere Utensilien quasi als Grundstein der Erinnerung an Plätze, die man errichtet, schafft bzw. fertigstellt. Die aufgetauchten Reichspfennige belegen den Start der NS-Siedlungspolitik in Wien.
Mit der Machtübernahme Hitlers und seiner Gefolgsleute wurde der Wiener Bevölkerung auch ein kommunales Wohnbauprogramm „aufgedrückt“. Mit viel Getöse wurden für die deutsche „arische“ Bevölkerung großzügige Großwohnanlagen angekündigt. Natürlich standen auch bauliche Prestigeobjekte, Partei- und Wehranlagen auf der Liste. Die von den Nationalsozialisten eingesetzten Behörden sollten die großzügigen zivilen Baupläne, u. a. die gepriesenen „Volkswohnbauten“, umsetzten. Das Wohnbauvorhaben blieb jedoch nach den ersten Jahren nach dem „Anschluss“ stecken. Von den allein für „Groß-Wien“ angestrebten 100.000 Wohnungen wurden bis zu der kriegsbedingten Stilllegung des Wohnbauprogrammes im Jahre 1942 nur maximal 3000 Wohnungen errichtet. Hitlers berühmte pathetische Ankündigung aus

Noble Bauten für Offiziere. In der einstigen „NS-Mustersiedlung" waren die Keller luftschutzmäßig verstärkt.

Unsere Suche nach einem „Geheimgang" endet an einer abgemauerten Stelle.

dem Jahre 1938, in der er versprach, er werde Wien „in jene Fassung bringen, die dieser Perle würdig“ sei (siehe Band 1), war zerplatzt. Die Neugestaltung Wiens scheiterte kläglich.
Tatsächlich wurden nur einige Siedlungen gebaut, die auch heute noch teilweise erhalten sind. Beispielsweise die „Nordrandsiedlung“ (Wien XXII), die Gemeindesiedlung „Lockerwiese (Wien XIII) oder eben die „Fasangartensiedlung“ (Wien XIII). Einige der im Krieg gebauten „Volkswohnungen“, die noch 1944 fertiggestellt worden waren, sind ebenfalls „stumme Zeugnisse“ der NS-Epoche. Hier sind die Anlagen in der Matthias-Schönerer-Gasse 14, in der Walkürengasse/Camillo-Sitte-Gasse 11–13, in der Iheringgasse 3–5 oder in der Alliogasse 8–10 zu nennen, die alle in Rudolfheim-Fünfhaus (Wien XV) liegen.
Baldur von Schirach, der Gauleiter von Wien, erläuterte in einer Rede im Burgtheater am 6. April 1941 großspurig das Wiener Kulturprogramm und nahm dabei auch Bezug auf die schon damals bekannte Einstellung des versprochenen Bauprogramms: *Es ist selbstverständlich, daß nach Beendigung des Krieges die Lösung des Wohnungsbauproblems wichtiger ist als alle anderen Bausorgen.* Schirach beschwichtigte und lenkte ab: *Die baulichen Schönheiten aus theresianischen Barockzeit und aus dem Biedermeier werden ihre besondere Pflege erhalten und jüdischer Reklameunrat wird aus den Straßen verschwinden ...* Tatsächlich konnten die wirklichen Probleme, die auf die Wiener Bevölkerung im Krieg zukamen, nicht gelöst werden. Der Bombenkrieg mit seinen Zerstörungen machte den NS-Planern einen gehörigen Strich durch die Rechnung, die dennoch bis zum Ende des Krieges an den Segnungen des „Tausendjährigen Reiches“ festhielten.
Wir wollten die ehemalige SS-Siedlung in der Nachbarschaft der Hietzinger Kaserne jedenfalls gründlich unter die Lupe nehmen und stiegen deshalb auch in die unteren Bereiche hinab. Gerüchte von einem unterirdischen Verbindungsstollen zwischen Kaserne und der Siedlung sind im Umlauf. Offensichtlich wurde dieser fragliche Stollen im Lauf der Zeit zugeschüttet bzw. abgemauert. Wir konnten diesen Stollen, welcher im Haus Elisabethallee 23–25 einen Zugang haben sollte – dort war angeblich das Personal der Kaserne untergebracht –, jedoch nicht lokalisieren. Hingegen stiegen wir in einen betonierten Schacht am Grundstück „Fasangartensiedlung 1“ ein, der zu einem unterirdisch verlegten Wasserleitungsrohr führt. Der enge Gang ist nach wenigen Metern abgemauert. Hier endete die Untersuchung.
Beschäftigt man sich mit der Wohnbaupolitik der NS-Zeit und durchforstet die Archive und die Literatur zu diesem Thema, dann erkennt man, wie rasant der Traum von den angekündigten NS-Mustersiedlungen zu Ende ging. Am 12. Mai 1941 fehlten in Wien laut Bericht des *Völkischen Beobachters* noch 100.000 Wohnungen. Schritt für Schritt wurde das geplante Bauvolumen reduziert. Das „Sofortwohnbauprogramm“ vom 21. Jänner 1941 sah nur noch 40 (!) Projekte vor. Aber nicht nur

der Krieg war an dieser Misere schuld, auch der „Rassenkampf" der Nazis hemmte den Ausbau der geplanten germanischen Mustersiedlungen, die wie ein Ring um den Stadtkern gelegt hätten werden sollen. Hitlers Sekretär Martin Bormann ermahnte aus Berlin schon im November 1941 Gauleiter Baldur von Schirach: „Nicht die Schaffung neuer Wohnviertel" solle forciert werden, „sondern die Bereinigung der bestehenden Verhältnisse" – der Judenhasser Bormann drängte dabei auf die Deportation der jüdischen Bürger aus Wien.
Die verbliebene „Fasangartensiedlung" in Hietzing, nun modernisiert, ist ein Teil des Kultur-, des Rassen- und des Wehrprogrammes der NS-Politik. Die Anlage ist im Endeffekt auch ein Zeugnis des kläglichen Scheiterns der von den Nationalsozialisten angekündigten „Neugestaltung Wiens". Im Vergleich dazu errichtete in den Notjahren zwischen 1919 und 1934 die sozialdemokratische Stadtregierung allein 65.000 Wohnungen, die Nationalsozialisten bis zum totalen Wohnbaustopp 1942 gerade nur 3000!
Ab 1944/45 konnte sich das Wiener Stadtbauamt nur mehr mit der Instandsetzung der Bombenschäden und der Unterbringung der ausgebombten Bevölkerung beschäftigen, die realitätsfremden NS-Architekten bauten weiterhin ihre Luftschlösser. Interessant ist die Tatsache, dass in den unmittelbaren Nachkriegsjahren einige Projekte aus der Schublade der NS-Planer wieder aufgegriffen wurden, vordergründig, um in der Phase des Wiederaufbaus keine Zeit mit langwierigen Neuplanungen zu verlieren. Die gigantischen NS-Bauvorhaben blieben freilich auch jetzt Utopie.

Die Flakstellung im Naturschutzgebiet Eichkogel bei Mödling

Der 367 Meter hohe Eichkogel südlich von Mödling ist heute Naturschutzgebiet. Hier blühen seltene Pflanzen wie z. B. der Diptam, der Gelbe Lein und der Storchschnabel, hier finden Insekten, die vom Aussterben bedroht sind, noch eine reelle Überlebenschance. Naturverbundene Ausflügler, welche die Anhöhe besuchen, genießen den beeindruckenden Ausblick über das Wiener Becken und erfreuen sich an der einmaligen Fauna und Flora dieses Areals. Auf dieser idyllischen „Insel" intakter Natur befand sich während des Zweiten Weltkrieges eine bedeutende Flakstellung. Inzwischen sind die Spuren der militärischen Anlage, die betonierten Geschützplattformen, Mauerfundamente, Schützengräben und weitere Relikte des Krieges abgerissen, zugeschüttet und eingeebnet worden. Das einzige heute noch sichtbare Relikt ist eine Bodensenke mit einem Durchmesser von rund 10 Metern. In ihrem Zentrum befindet sich eine Platte aus Beton, aus der Gewindestangen herausragen.

Die Flakstellung Eichkogel in Vergleich: einst militärisch ausgebaut, heute Naturschutzgebiet. Die Zeichnung zeigt die Position sämtlicher Kanonen, der Scheinwerfer und der Lagerstadt.

Der Eichkogel 2012 …

und im Sommer 1945.

Nach einer Inspektion des gesamten Areals stellen wir fest, dass die Natur den Einbruch des Krieges überwunden und diese in ihrer Ausdehnung recht beachtliche Anlage wieder in Besitz genommen hat. Zur Lokalisierung der einstigen Geschützstellungen hilft nur mehr eine scharfe Luftaufnahme. Mit den „fliegenden Kameras" fotografieren wir den Standort der einstigen Flakstellungen und siehe da: Aus der Vogelperspektive ist viel mehr zu erkennen als vom Boden.
Der Zufall kommt uns zu Hilfe und wir entdecken im Heimatmuseum Mödling einen von Hand gezeichneten Plan von Alfred Weiss (1998–2003). Hier hat er alle ihm bekannten Details dieser Flakstellung eingezeichnet. Als dritte Vergleichshilfe besorgten wir uns eine alliierte Nachkriegs-Luftaufnahme aus dem Sommer 1945. Nun konnten wir einen topografischen Vergleich anstellen.
Dem Verband der „24. Flakdivision", die während des Krieges zur Luft-Verteidigung Wiens aufgestellt worden war, waren mehrere „Flakgruppen" (West, Nord, Süd) angeschlossen, die den Kampf gegen die alliierten Bomber aufnehmen mussten. In und rund um Wien waren nach der Ausbau- und Konzentrationsperiode knapp 60 Flakbatterien einsatzbereit. Im Verlauf des Krieges wurden die Stellungen mehrmals umgerüstet und umgruppiert. Der Befehlsstand der „Flak-Untergruppe Mödling" befand sich im Babenbergerhof in Mödling. Diesem regionalen Kommando war eine Reihe von Batteriestandorten unterstellt. Dazu zählten die Flakstellungen Achau, Möllersdorf, Münchendorf, Wiener Neudorf und jene am Eichkogel. 1943 bildeten die sechs 8,8-cm-Kanonen, die auf dem Eichkogel ortsfest aufgestellt waren, einen „feuerstarken" Teil des südlichen Flakriegels. 1944 wurde die Batterie mit zwei weiteren Kanonen verstärkt. Aufgrund der unterschiedlichen Färbung des Bodenbewuchses sind die einstigen acht Geschützstellungen heute noch immer sehr gut zu erkennen.
Im Lauf der Zeit wurde beinahe das gesamte Plateau des Eichkogels zu einer Stellung ausgebaut. Die Kanonen waren 1,5 m eingetieft und wurden von einem 1 m hohen Schutzwall umgeben. Scheinwerfer wurden montiert; weiters gehörten optische und elektronische Entfernungsmessgeräte zur Batterie. Mannschaftsbaracken, ein Appellplatz und andere Einrichtungen bildeten eine kleine Lagerstadt. Gegen Tieffliegerangriffe hatte man die leichte Zwillingsflak, Kaliber 3,7 cm, in Stellung gebracht. Gesichert war der Standort der „2./533" gegen Ende des Krieges weiters durch Schützengräben und MG-Stellungen.
Als in den ersten Apriltagen 1945 die Rote Armee Wien umschloss, wurde die Flakbatterie im Erdkampf eingesetzt. Einige der ortsfest montierten Geschütze am Eichkogel bekämpften noch sowjetische Panzerfahrzeuge, die versuchten, die Stellung einzunehmen. Am 5. April 1945 gelang es der Besatzung der Flakstellung, sich unter geringen Verlusten und nach Sprengung der Geschütze in die Stellung Rodaun abzusetzen.

Graffiti im Flakturm Arenbergpark

Im ehemaligen Feuerleitturm im Arenbergpark, in dem während des Krieges mehrere Etagen als Luftschutzbunker für die Zivilbevölkerung zur Verfügung standen, sind an den Wänden noch die damals obligaten Hinweis- und Ordnungsaufschriften angebracht. „Rasch weitergehen", „Mutter und Kind" oder „Rauchen verboten".
Bei genauerer Untersuchung der Innenräume im Flakturm kann man aber zahlreiche kleine Graffiti entdecken, die vornehmlich in den Gängen, Räumen, Nischen und Kammern zu finden sind und die auch wert sind, festgehalten zu werden. Denn in ihnen spiegeln sich die Sorgen, die Ängste, der Unmut und der Frust der damaligen Zeit. Marcello La Speranza legte eine umfangreiche Dokumentation – *Flakturm-Archäologie. Ein Fundbuch zu den Wiener Festungsbauwerken* (Berlin 2012) – dieser Zeugnisse vor. Es finden sich darunter einfache Namenszüge der Schutz suchenden Bevölkerung und banale Kinder-Kritzeleien, wie Strichmanderln, Blumen, Panzer, Flugzeuge, Kriegsschiffe. Auch die beim Bau der Flaktürme eingesetzten Fremd- und Zwangsarbeiter haben sich hier auf diese Weise verewigt: Sie schrieben ihre Namen auf einzelne Ziegel oder auch Parolen, die auf ihre Nationalität schließen lassen, darunter beispielsweise Italiener „Firenze" und Franzosen „Vive la France!".
Auch politische Parolen, wie „Heil Moskau!" (in einer Abortnische) oder „Laval au poteau!" (hastig mit Kreide im Treppenhaus), fehlen nicht. Letztgenannte Aufschrift (= „Laval an den Pfahl!") bezieht sich auf den französischen Ministerpräsidenten Pierre Laval, der als Chef der deutschfreundlichen Vichy-Regierung mit den Nazis kollaborierte. Laval hatte dafür gesorgt, dass französische Arbeiter nach Deutschland gebracht wurden, um dort unter anderem beim Bunker-Bauprogramm mitzuarbeiten. Laval wurde nach dem Krieg wegen Hochverrats zum Tode verurteilt und am 15. Oktober 1945 in Fresnes bei Paris erschossen.
Aussagekräftig ist auch die naive Zeichnung eines Spechtes mit dem Schriftzug „Kuckuck". Diese Zeichnung nimmt vermutlich Bezug auf das akustische Kuckuck-Signal im Radio, welches der Bevölkerung den öffentlichen Luftalarm ankündigte. Im Haupttreppenhaus hat jemand ein Frauengesicht hingezeichnet, mit einer Träne unter dem Auge.
In den Winkeln und Nischen dieses ehemaligen Kriegsbauwerkes konnten mehr als hundert Graffiti registriert werden – Zeugnisse einer verschreckten und eingeschüchterten Gesellschaft, die unter dem Krieg und der NS-Diktatur zu leiden hatte: In einem der vielen Waschräume hat ein Unbekannter einen kleinen Galgen mit Bleistift gezeichnet, an dem das Hakenkreuz hängt.

Seite 212: Graffiti im Feuerleitturm Arenbergpark: Neben harmlosen Kritzeleien in den Stockwerken des Flakturmes finden sich an den Ziegelwänden auch regimefeindliche Parolen wie „Heil Moskau!" oder ein Hakenkreuz am Galgen.

Seite 213: Zeitvertreib oder Verdrängung der Angst: In den Graffiti spiegeln sich Sorgen und Frust der damaligen Zeit wider.

Steinhäusler
Hölzl
LAVAL
TI AMO
ROM
14.2.45
WACHE
KUCKUCK

RACENKO
Trude
Reischel
M. Erna

Die Kompensieranlage von Aspern

Die Tage des ehemaligen Flugfeldes in Aspern sind gezählt. Das brachliegende Gelände, auf dem in der ersten Hälfte des 20. Jahrhunderts große Luftschiffe gelandet sind, wo Pioniergeschichte der österreichischen Luftfahrt geschrieben worden ist und sich einst ein Flughafenbetrieb ausgebreitet hat, wird seit dem Jahre 2009 als neuer Wiener Stadtteil erschlossen. Hier entsteht die „Seestadt Aspern", ein Naherholungsgebiet mit Wohnsiedlungen samt entsprechender Infrastruktur. Die seit Jahrzehnten nutzlos gewordenen Betonpisten und vereinzelte bauliche Rudimente, die dem neuen Stadtteil Wiens im Weg stehen, werden konsequent beseitigt. Zuvor suchten auf dem riesigen Areal die Archäologen nach möglichen Spuren früherer Kulturschichten und stießen dabei auf Relikte der napoleonischen Epoche. Menschliche Knochen und Militaria, Zeugnisse der Schlacht rund um Aspern aus dem Jahre 1809, kamen zum Vorschein.

Und es gab auch ein Rätsel: Die Verwendung eines bereits von Sträuchern und Flugsand halb zugedeckten Betonringes inmitten einer großen Betonplatte, die inzwischen unter einer Humusschicht fast gänzlich verschwunden war, konnte von niemandem klar bestimmt und zeitlich eingeordnet werden. Die Geschichte, dass es sich hierbei um den verbliebenen Ankerplatz oder das Fundament eines Landemasts aus der goldenen „Ära der Zeppeline" handelte, machte die Runde. Diese Annahme weckte die Neugierde des Lokalhistorikers René Edenhofer aus Deutsch-Wagram. Anhand von historischen Fotos, auf denen die Zeppelinlandungen zu sehen waren, konnte von ihm nachgewiesen werden, dass der Flughafen Aspern nie einen Landemast besessen hatte. Die in Wien gelandeten Luftschiffe waren 1913 die „Sachsen" und 1931 das legendäre Luftschiff „Graf Zeppelin". Wie René Edenhofer

Das Forscherteam legt in mehreren Tagen große Teile des Betonrings frei. Erst jetzt haben wir die Möglichkeit, eine aussagekräftige Luftaufnahme zu erarbeiten.

richtig bemerkt, wurden beide Male die Luftschiffe per Seile bzw. per Hand von der bereitstehenden Haltemannschaft am Boden gehalten. Tatsächlich hatte der heute noch zu sehende Betonring – so konnte Edenhofer nachweisen – eine ganz andere Funktion: Er war das Zentrum einer großen „Kompensierscheibe", also Teil einer „Kompensationsanlage", auf der Flugzeuge „kompensiert" wurden!

Das Rätsel des ominösen Ortes am Asperner Flugfeld wird gelöst.

Diese technische Anlage auf dem ehemaligen Flugfeld in Aspern hat einen ungewöhnlich großen Durchmesser und ist ein seltenes Einzelstück. Wir folgten den Entdeckungen von Edenhofer, inspizierten diesen interessanten Ort, an dem der Deutsch-Wagramer im Sommer 2012 umfangreiche Recherchen und auch Grabungen im Gelände angestellt hatte. Er hält fest: „Metallische und elektromagnetische Einflüsse in einem Flugzeug sowie die sich stetig ändernde Lage des magnetischen Nordpols führten am Bordkompass zu Fehlanzeigen, die auf Kompensieranlagen beseitigt, ‚kompensiert' wurden. Kompensieranlagen waren in der Regel genormt. Meist wurden Standard-Typen mit einem Durchmesser von 12 bis 18 Metern errichtet. Auf solchen Anlagen wurden ganze Flugzeuge abgestellt. Die Asperner Anlage misst über 30 Meter im Durchmesser und war die einzige dieser Größe in Österreich. Es konnten darauf auch Großflugzeuge wie die ‚Focke Wulf 200 Condor' oder ähnlich große Modelle ‚kompensiert' werden. Der Kompensiervorgang erfolgte anders als bei den kleinen Drehscheiben.

Die kreisrunde Anlage des ‚Aspern-Typs' bestand aus einem im Zentrum befindlichen kreisförmigen Betonfundament, auf dem eine drehbare Plattform aus Holz mit einem Durchmesser von etwa 1,7 m aufgesetzt

Die enorme Größe der Kompensierscheibe in Aspern (Durchmesser rund 30 m) wird durch diese Luftbildaufnahme sichtbar.

war. Ein 30 Meter im Durchmesser großer betonierter Ring, auf dem noch die Reste einer 360-Grad-Einteilung zu sehen sind, vervollständigte die Anlage. Eine zur Navigationsdrehscheibe führende betonierte Zufahrtstraße ist heute noch zu sehen.
Auf der hölzernen Plattform wurde ein Vorderrad des Hauptfahrwerks fixiert. Das Heckrad ruhte auf einem fahrbaren Ausleger, mit dem die Maschine gedreht und in die waagrechte Fluglage gehoben wurde. Das fixierte Fahrwerkrad auf der Holzplattform bildete die Drehachse. Bei laufenden Motoren und eingeschalteten Betriebssystemen wurden Kompassanzeigen und Funkfehlweisungen korrigiert. Der Kompensiervorgang war mindestens einmal pro Jahr vorgeschrieben. Dazwischen nach Bedarf.
Die Navigationsdrehscheibe erfüllte also eine durchaus wichtige Aufgabe: Piloten, die auf ihren Bordkompass vertrauten, mussten sicher sein, dass dieser auch richtig funktionierte. So war die Überprüfung bzw. die Nachjustierung des Kompasses wichtig. Das Flugzeug wurde Schritt für Schritt auf der Scheibe gedreht; dabei wurde mit dem am Betonring abgelesenen und mit der am Bordkompass angezeigten Kursrichtung verglichen. So wurden die Bordinstrumente in Übereinstimmung gebracht. In Aspern wurde diese luftfahrtechnische Einrichtung in den Jahren 1938/39 errichtet. Während des Zweiten Weltkrieges wurde Aspern zu einem „Leithorst" umfunktioniert. Von hier aus starteten militärische Operationen, unter anderem die unter dem Codenamen „Unternehmen Strafgericht" durchgeführten Luftangriffe auf Belgrad am 6. und 7. April 1941, die Tausende Tote forderten.
Der Ausgang des deutschen Aggressionskrieges und der Niedergang der Luftwaffe sind bekannt. Vor dem Abzug der deutschen Einheiten im Frühjahr 1945 wurden einige der militärischen Anlagen gesprengt, die

Eine Junkers Ju 87 (Stuka) steht auf einer kleinen Kompensierscheibe am Gelände der Fliegerkaserne Wiener Neustadt.

Kompensieranlage entging jedoch der Zerstörung. So stand die Anlage bis zum Jahre 1955 auch den sowjetischen Besatzungstruppen zur Verfügung; später siedelte sich der „Österreichische Aero Club“ in Aspern an und verwendete die vorhandene Kompensieranlage. Die alten Buntmetallplatten mit den Gradangaben auf dem äußeren Beton waren jedoch bereits von „Metallsammlern“ abmontiert worden, so dass die Anlage neu vermessen wurde und die nötigen Gradangaben mit einfachen Pinselstrichen markiert wurden. Für die Kompensierung der kleinen Sportflugzeuge reichte diese einfache Handhabung. Später wurde per Theodolit vermessen, ehe der Flugbetrieb in Aspern im Jahre 1977 ganz eingestellt wurde.

„Die Reste der ehemaligen luftfahrtechnischen Einrichtung blieben der Natur überlassen und gerieten in Vergessenheit. Ich habe mich auf die Suche gemacht, diese Spuren der Vergangenheit auszugraben“, erzählt Edenhofer, der das Geheimnis des Betonringes lüftete. So können wir eine weitere bauliche Hinterlassenschaft aus der Zeit des Zweiten Weltkrieges als Puzzleteil in unser Archiv einordnen.

Mit den fliegenden Kameras machten wir Luftaufnahmen von den heute noch erhaltenen Resten dieser Kompensieranlage. Ein kleiner Teil unseres Forschungsteams legte dafür einen beachtlichen Teil des bereits von der Natur in Besitz genommenen Reliktes noch einmal frei.

XII. Kapitel

Vergleichende Fotografie im Dienste der Forschung

der gockel
IMBISS
der gockel
IMBISS & KAFFEE

Hat man das Glück, Fotos aus der Zeit des Krieges zu bekommen, so fühlt man sich als Betrachter unweigerlich zur Suche aufgefordert. Natürlich möchte man wissen, an welchen Stellen der Stadt diese Bilder aufgenommen wurden und was sich dort nach rund 70 Jahren verändert hat. Die vergleichende Fotografie ermöglicht es uns heute, bereits Verschwundenes wieder zu entdecken und längst Vergessenes durch Recherchen wieder im Bewusstsein der Menschen zu verankern.

Fotovergleich: Kärntner Straße · Wien 1

Das Foto aus dem Jahre 1946 zeigt die Kärntner Straße, die noch immer von Trümmerschutt gesäumt wird. Das im Hintergrund abgebildete alte „Haas-Haus" am Graben, errichtet 1866/67 im Auftrag der Teppichfabrik Philipp Haas & Söhne, wurde im April 1945 durch einen Brand vollständig zerstört. Verändert hat sich auch der Werbeauftritt der Firma „Salamander".

Fotovergleich: Bergsteiggasse/Pezzlgasse · Wien 17

Das Haus an der Ecke Bergsteiggasse/Pezzlgasse wurde während eines Luftangriffes zerstört. Da beinahe das gesamte Gebäude abgebrochen wurde, konnte man einen Blick in die „offenen" Wohnungen der einzelnen Stockwerke werfen. Bemerkenswert ist in der historischen Aufnahme die teilweise noch intakte Möblierung in den rückwärtigen Teilen der Wohnungen. In den Nachkriegsjahren war man noch lange mit dem Wiederaufbau beschäftigt. Man beachte den Schornstein des alten Jörgerbades.

DANKSAGUNG

Institutionen/Firmen:

Dokumentationsarchiv des österreichischen Widerstandes, Wien
ecoplus, Wiener Neudorf
Gedenkverein KZ-Nebenlager Guntramsdorf
Gemeindeamt Schwechat
Haus des Meeres – Aqua Terra Zoo
Heimatmuseum Zwentendorf
Magistratsabteilung 34, Wien
Wien 3420 – Aspern Development AG
Stadtmuseum Traiskirchen
Stadtmuseum Mödling

Personen:

Stefan Andert, Dr. Elisabeth Boeckl-Klamper, Cornelia Bredt, Alfred Bucik, Dr. Astrid und Dr. Willi Drofenik, René Edenhofer, Mag. Ernst Eichinger, Adolf Ezsöl, Wolfgang Frühwirth, Jürgen H. Gangoly, Christian Grübl, Thomas Gruber, Dieter Gruschina, Leopoldine Gutscher, Andreas Hajek, Ulla Hams, Thomas Keplinger, Monika Kerschbaumer, Harald Kishalmy, Hans Koeppen, Natascha Konopitzky, Felix Krepler, Josef Lehmann, Josef Löschl, Dr. Heinz Lunzer, Dipl.-Ing. Dr. Stefan Mandl, Josef Markus, Dr. Christine Pal, Ing. Gerald Perzi, Franz Pöchlinger, Patrick Posch, Mag. Michael Raab, Dr. Thomas Reichl, Richard Richter, Dr. Siegfried Sanwald, Mag. Hagen Schaub, Mag. Manfred Schatz, Dipl.-Ing. Dieter Schreiber, Kurt Schrödl, Peter Stencel, Wolfgang Schulz, Robert Senhofer, Michael Strobach, Werner Tobisch, Monika Weber, Gerald Weiss.

Besonderer Dank gilt:

Für Unterstützung bei den Grabungen auf dem Grundstück des KZ-Außenlagers Guntramsdorf/Wiener Neudorf in Guntramsdorf danken wir Jürgen H. Gangoly, Wolfgang Frühwirth, Franz Pöchlinger, Manfred Schatz, Monika Weber und allen SchülerInnen aus Wien-Simmering, die bei der Aktion „72 Stunden ohne Kompromisse" mitgemacht haben.

Wir bedanken uns bei der Firma *ecoplus* für die Genehmigung der Forschungsarbeiten auf dem Grundstück des KZ-Außenlagers Guntramsdorf/Wiener Neudorf.

Wir danken Felix Krepler, der uns bei vielen Vermessungsarbeiten zur Seite stand und sich bei den verschiedensten Forschungstouren immer wieder mit einbringt. Es sei an dieser Stelle Wolfgang Frühwirth erwähnt, der bei vielen unserer Buchpräsentationen mehr als ein „guter Geist" war und stets hilfreich und präsent ist. Er hat bei einigen Forschungstouren und bei dem Projekt Flakturmkran ganz außergewöhnlichen Arbeitseinsatz gezeigt und war am Gelingen dieses Unternehmens maßgeblich beteiligt.

Wir danken Brigadier General Ing. Mag. Dieter Jocham für die Unterstützung beim Projekt Flakturmkran.

Für einen Auftritt im www bedanken wir uns bei Andreas Hajek

Der wohl größte Dank gilt unseren Familien und unseren Frauen Susanne Bouchal und Alexandra La Speranza. Sie haben uns wesentlich mit ihrer Geduld und mit ihrer Toleranz bei den für uns so wichtigen Forschungen und Recherchen unterstützt.

QUELLEN UND LITERATUR

Daniel Blatman, Die Todesmärsche 1944/45. Das letzte Kapitel des nationalsozialistischen Massenmords. Reinbek bei Hamburg 2011

Robert Blauensteiner, Wien 1945. Die dunkelsten Tage in der Geschichte Wiens. Purkersdorf o. J.

Robert Bouchal und Gabriele Lukacs, Geheimnisvolle Unterwelt von Wien. Keller · Labyrinthe · Fremde Welten. Wien: Pichler Verlag 2012

Robert Bouchal und Marcello La Speranza, Wien – Die letzten Spuren des Krieges. Wien: Pichler Verlag 2012

René Edenhofer, Die Haferlbude. Von der Original Gmundner Tongeschirr-Erzeugung zur ÖSPAG. Vom Geschirr zum Sanitär. Deutsch-Wagram 2009

Adolf Ezsöl, Schwechater Kriegstagebuch 1944–1945. Luftkrieg und Kriegsende im Raum Schwechat. Schwechat [4]1994

Adolf Ezsöl, Die KZ-Außenlager „Santa I und II" in Schwechat 1944–1945. In: Historisches Schwechat. Forschungsbericht aus dem Zeitgeschichtlichen Archiv Adolf Ezsöl (Nummer 1, September 2008)

Festschrift: 25 Jahre Werk Pischelsdorf 1960–1985. Pischelsdorf: Donau-Chemie 1985

Wolfgang Graf, Österreichische SS-Generäle. Himmlers verlässliche Vasallen. Klagenfurt, Laibach, Wien 2012

Heimatkundliche Beilage zum Amtsblatt der Bezirkshauptmannschaft Mödling: 4. Folge, 2002: Evangelische Unternehmer im Raum Mödling

Gustav Holzmann, Der Einsatz der Flak-Batterien im Wiener Raum 1940–1945, Militärhistorische Schriftenreihe, Heft 14, Herausgeber: Heeresgeschichtliches Museum-Militärwissenschaftliches Institut. Wien [4]1992

Illustrierter Beobachter, Jg. 1939: Flugzeug macht Geschichte. München: Verlag Franz Eher 1939

Kay von Keitz und Sabine Voggenreiter (Hrsg.), En passant – Reisen durch urbane Räume: Perspektiven einer anderen Art der Stadtwahrnehmung. Berlin: Jovis Verlag 2010

Rudolf Kippenhahn, Verschlüsselte Botschaften. Geheimschrift, Enigma und digitale Codes. Reinbek bei Hamburg 2012

Marcello La Speranza, Flakturm-Archäologie. Berlin: Edition Berliner Unterwelten e.V. 2012

Die Luftschutzfibel. Herausgegeben vom Verlag Offene Worte. Berlin 1933

Ernst Nöstlinger, Martin Wimmer und der totale Krieg – Fünfzehnjährige als Luftwaffenhelfer. Wien [2]1987

Bertrand Perz, Der Todesmarsch von Wiener Neudorf nach Mauthausen. Eine Dokumentation. In: Jahrbuch 1988 des Dokumentationsarchivs des österreichischen Widerstands, Wien 1988, S. 117–137

Dietmar Süß, Tod aus der Luft. Kriegsgesellschaft und Luftkrieg in Deutschland und England. München 2011

Helmut Weihsmann, Bauen unterm Hakenkreuz. Wien 1998

BILDNACHWEIS

Archiv Walter Andel: 222 rechts
Archiv Robert Bouchal: 44, 64, 94, 98, 110, 112–113, 144, 145, 146, 171, 172 (Fotos: Robert Bouchal)
Dokumentationsarchiv des Österreichischen Widerstandes: 18 links (Foto: Marcello La Speranza)
Archiv Astrid u. Willi Drofenik: 84, 85 (Fotos: Robert Bouchal)
Archiv Adolf Ezsöl: 111 oben, 200
Firmenarchiv „Kleiner & Fleischmann": 70 oben, 72, 73, 74, 76 (Fotos: Robert Bouchal)
Ausstellung Gedenkstätte Mauthausen: 185 (Foto: Robert Bouchal)
Gedenkverein KZ Nebenlager Guntramsdorf/Wiener Neudorf, Mauthausen Komitee (www.gedenkverein.at): 183
Thomas Gruber: 157
Felix Krepler: 146 (Übersichtsplan Pischelsdorf)
Archiv Marcello La Speranza: 20, 38, 45, 82, 83 mitte, 123 oben u. unten, 154 rechts, 155, 156, 166 oben, mitte, unten, 220–221, 223 rechts
Archiv Luftbilddatenbank Dr. Carls GMBH: 202–203, 209 unten
Archiv Josef Markus: 154 links
Stadtmuseum Mödling: 209 oben (Foto: Robert Bouchal)
Privatarchiv: 78–79, 81, 83 oben (Fotos: Robert Bouchal)
Stadtarchiv Schwechat: 123 oben u. unten (Fotos: Marcello La Speranza)
Archiv US-Air Force: 121, 199
Archiv Rudolf Vogl: 218–219
Stadt- und Landesarchiv Wien: 48 (Foto: Robert Bouchal)
Heimatmuseum Zwentendorf: 130, 131, 133 oben u. unten, 135 oben u. unten, 137 oben u. unten, 149 oben, 150, 152 (Fotos: Robert Bouchal)

Alle anderen Fotografien stammen von Robert Bouchal.

Einige Worte des Forschers Robert Bouchal

Um Ihnen, geschätzte Leserinnen und Leser, die Vielfalt meiner Arbeiten zu erläutern, ersuche ich Sie, meine Internetseite: *www.bouchal.com* zu besuchen. Als ich in sehr jungen Jahren zu den Höhlenforschern kam, sagte einmal ein bereits langjähriger Speläologe zu mir: „Wenn du beim Betreten eines unterirdischen Raumes ein Glücksgefühl verspürst, bist du der richtige Mann für diese Welt!“ Das Glücksgefühl vergrößerte sich von Mal zu Mal. Wissenschaftliche Forschungsarbeit in allen Bereichen der Höhlenkunde wurde zu einem bedeutenden Schwerpunkt meines Lebens. Das Ablegen der staatlichen Höhlenführerprüfung nur einer von vielen Momenten. Aus den Forschungen in Österreich entstanden einige meiner ersten Bücher: *Österreichs faszinierende Höhlenwelt, Höhlenführer Österreich.* Neben einer Vielzahl an Vorträgen und Präsentationsshows in meiner Heimat zeigte ich in vielen Ländern Europas meine Bilder und berichtete von den Forschungsreisen in die *Terra Incognita.* Zu meinen Dokumentationen in den Naturhöhlen kamen schon sehr früh die Erkundungstouren in die „Wohnhöhlen“ in Großstädten hinzu. Seit über 20 Jahren sind Wien und das gesamte Umland mein bevorzugtes Betätigungsfeld.
Als praxisbezogener Mensch nimmt die Live-Forschung einen großen Teil meiner Zeit in Anspruch. Die hautnahe Begegnung mit den Objekten der Vergangenheit und die damit verbundene Geschichte wecken mein Interesse und den immer größer werdenden Wissensdurst.
Die Fotografie und das Medium Film sind mein Werkzeug, das mich so gut wie bei allen meinen Forschungen begleitet. Das Vermessen und Zeichnen von Plänen beachtenswerter Räume oder unterirdischer Anlagen ist eines meiner weiteren Sprachrohre, um Ihnen, liebe Leserinnen und Leser, noch mehr Klarheit und ein besseres Verständnis für Geschichte und die Vielfalt der von Menschen geschaffenen Lebensräume zu ermöglichen.
Meine absolute Leidenschaft gilt jedoch der wissenschaftlichen Forschung, deren Ergebnisse verständlich dargeboten werden sollen.
Zum Zeitpunkt, in dem Sie diese Zeilen lesen, bin ich mit Sicherheit unterwegs, um neue, im Verborgenen liegende Relikte aus der Vergangenheit zu finden, um Ihnen in meinem nächsten Buch darüber berichten zu können.
Sollten Sie, geschätzter Leser, aus den Jahren 1900–1956 Hinweise, alte Fotografien oder Geschichten zu Wien und dessen Umland besitzen, so würde ich mich über eine Nachricht freuen: *cave@kabsi.at.* Ich bin auf der Suche nach alten Kellern, vergessenen Dachstühlen und geheimnisvollen Gängen ebenso wie nach allen Spuren des Krieges. Denken Sie darüber nach und wecken Sie Ihre Kindheitserinnerungen. Ich würde mich über Ihre Erzählungen ganz gleich welcher Art, freuen.

Viel Freude mit diesem spannenden Buch wünscht Ihnen Robert Bouchal.

Einige Worte des Historikers Dr. Marcello La Speranza

In den letzten Jahren hat sich zu den interdisziplinären Fächern der „klassischen Archäologie" ein neuer Themenbereich herauskristallisiert. Die Archäologen erforschten bisher Epochen hauptsächlich aus der Ur- und Frühgeschichte, aus der Kelten- und Römerzeit und bearbeiteten auch Funde – wenn diese bei „Not-Grabungen" zutage treten – aus späteren Jahrhunderten, die allesamt mehr oder weniger unter der Erde erhalten geblieben sind. Es hat lange gedauert, bis auch die „zeitlich nahen" baulichen Hinterlassenschaften und die Relikte aus der NS- und Kriegszeit archäologisch untersucht wurden. Die Zeugnisse aus den Jahren 1938–1945 sind noch „emotional" belegt und ihre objektive Bewertung ist noch schwierig.

Dennoch blicke ich schon seit rund 20 Jahren über den Tellerrand der „klassischen Archäologie" und habe dazu einige Bücher geschrieben. Die Aufgabe hat sich gelohnt, denn inzwischen ist zu bemerken, dass die Gesellschaft an einer umfassenden Aufarbeitung der Geschichte interessiert ist, zumal auch die Schranken der Tabuisierung langsam wegfallen. Ich arbeite inzwischen mit der Stadtarchäologie Wien und mit dem Denkmalamt zusammen, die mich als Fachmann konsultieren. Es ist dabei häufig ein Wettlauf mit der Zeit, da Luftschutzkeller und Bunker nach ihrer Entdeckung oft abgerissen oder zugeschüttet werden. Dabei werden auch viele Utensilien aus der fraglichen Zeit, wie verrostete Helme oder verrottete Gasmasken, kaum beachtet und fallen bei Dokumentationen oftmals durch den Rost. Dabei können auch diese Relikte Geschichten erzählen, die es wert sind, der nächsten Generation überliefert zu werden. Es soll ein Gesamtspektrum unserer Stadtgeschichte vorgelegt werden.

Ich bin in Räume vorgedrungen und haben Dinge gesehen, die rund 70 Jahre unbemerkt schlummerten. Ich habe Spuren aufgenommen, die mich sicherlich noch lange beschäftigen werden. In vielen Fachbüchern habe ich diese Themen der Archäologie des 20. Jahrhunderts der Öffentlichkeit präsentiert, wie z. B. in den Werken *Wien 1945–1955*, *Bomben auf Wien* und *Burgen, Bunker, Bollwerke*.

Zu meinen Forschungsarbeiten als Historiker kommt noch hinzu: Gegenwärtig existiert ein einmaliges „Zeitfenster", da die letzten Zeitzeugen, welche persönlich die furchtbare Zeit des Bombenkrieges und der NS-Herrschaft erlebt haben, noch leben und ihre persönlichen Erzählungen mitteilen können. Jede Person trägt eine „Wissens-Bibliothek" der persönlichen Erfahrungen mit sich. Auch bereichern persönliche Fotos und Dokumente die Zeit von 1938 bis 1945. Ich würde mich freuen, wenn Sie sich bei mir melden würden, damit Ihre Geschichten festgehalten werden. Schreiben Sie mir oder schicken Sie mir ein Mail: *klio@a1.net*.

Jede Mitteilung und jeder Hinweis sind weitere Steine zum großen Puzzle „Gesamtbild der jüngsten Vergangenheit". Mein Motto ist dabei: „Zeitgeschichte soll verbinden, nicht trennen."

Meine Homepage: *www.marcellolasperanza.at*.

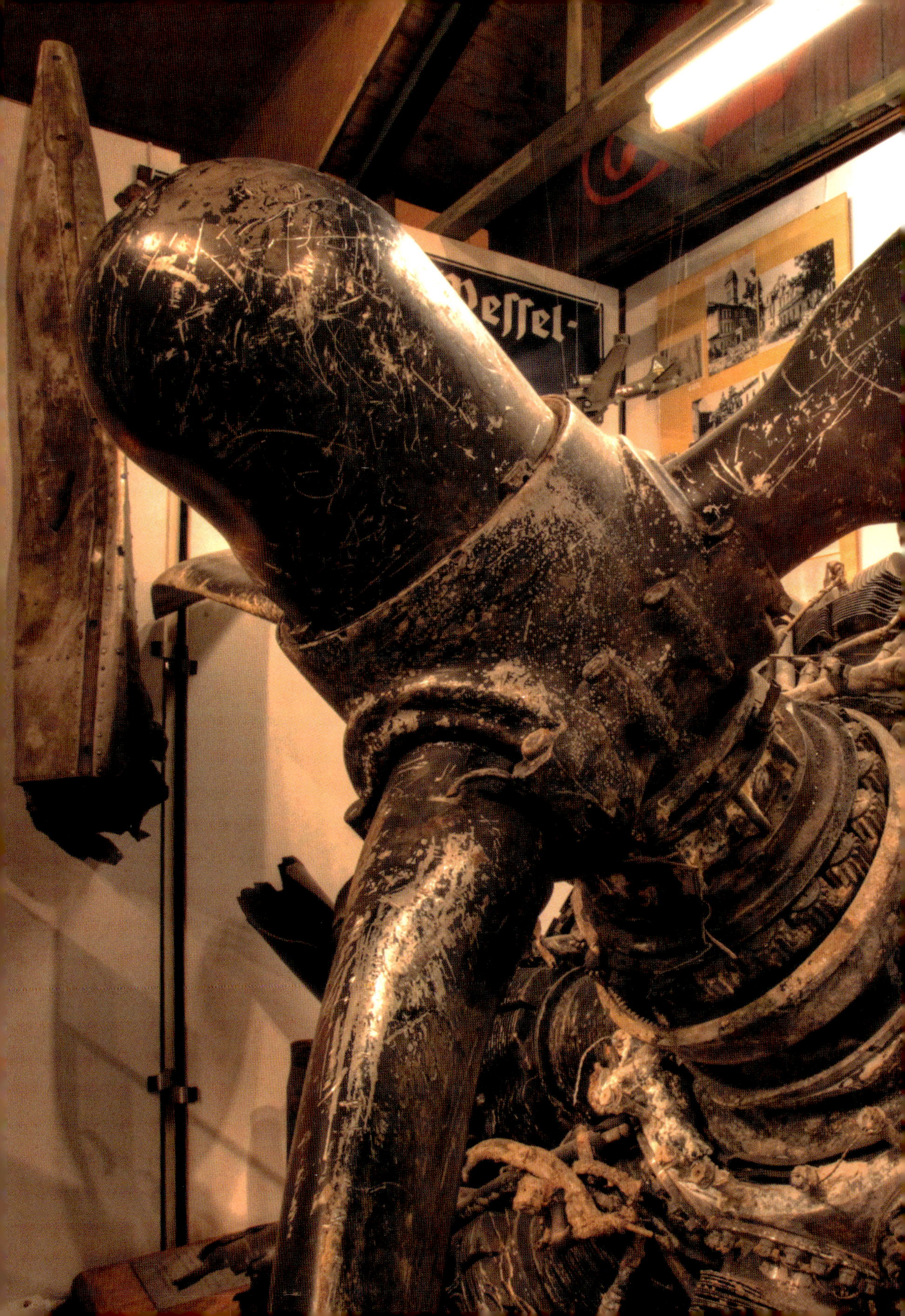

Riesige unterirdische Bunkeranlagen, verrostete Stahltüren, ausrangierte Luftschutzsirenen und verblichene NS-Parolen, Kriegslokomotiven und Blindgänger – inmitten der pulsierenden Großstadt Wien zeugen noch heute zahlreiche bizarre Relikte von den Schrecken des Krieges. Robert Bouchal und Marcello La Speranza führen den Leser an Orte, deren Existenz nur wenigen Menschen bekannt sein dürfte.

Alle über QR-Codes
eingebundenen Videos
sind auch auf

www.styriabooks.at/stummezeugen

abrufbar.

IMPRESSUM

ISBN: 978-3-85431-628-2

Bücher aus der Verlagsgruppe Styria gibt es
in jeder Buchhandlung und im Online-Shop
styriabooks.at

Covergestaltung: Bruno Wegscheider
Produktion und Gestaltung: Alfred Hoffmann

Reproduktion: Pixelstorm, Wien
Druck und Bindung:
Druckerei Theiss GmbH, St Stefan im Lavanttal

1 3 5 7 6 4 2

Printed in Austria